Wie ein warmer Sonnenstrahl

VJG-Erzählbuchreihe
Band 14

Quellennachweis:

Seite 37: »Pralinen«
Aus: Anna Haag, »Zu meiner Zeit«,
Stieglitz Verlag, Mühlacker

Seite 126:
Martin Gotthard Schneider, »Danke«
Aus: »Neue Kinderlieder«, BE 807
Gustav Bosse Verlag, Regensburg

Umschlag und Typografie:
Dieter Kani, Stuttgart
Satz, Druck und Bindearbeiten:
Wilhelm Röck, Weinsberg

ISBN 3-7797-0294-0

Wie ein warmer Sonnenstrahl

Kleine Lesestücke
vom Geben und Nehmen,
Denken und Danken

ausgewählt von Marlise Müller

mit Illustrationen von
Emmy-Claire Haag

VERLAG JUNGE GEMEINDE

Die Texte und ihre Autoren

Danke …

Angenommen, das kleine Wort »danke« gäbe es nicht mehr. Wie würde dann unser Leben aussehen? Etwa so: Jemand legt einem Kind eine Orange ins offene Händchen – es schweigt. Ein Mann öffnet einer Frau die Tür – sie schweigt. Die Sekretärin reicht ihrem Chef die Unterschriftenmappe – er schweigt. Menschen stellen Fragen, bitten um eine Hilfeleistung; bekommen Antwort, empfangen Hilfe – und schweigen.

Würde das Wort »danke« aussterben, unser Dasein wäre ärmer, freudloser, kälter. Denn das kleine Wort »danke« ist wie ein warmer Sonnenstrahl, der Eis schmelzen, Blumen blühen und Menschen froh werden läßt.

Für Menschen, die danken können, ist nichts selbstverständlich. Alles, was sie erleben, erfahren, empfangen, ist für sie Geschenk, unverdient und ohne Rechtsanspruch. Mit heiterem Herzen können sie Gutes annehmen und auch Schweres leichter tragen. Sie verstehen die hohe Kunst, zu teilen und weiterzugeben, was sie erhalten haben. So entsteht eine Kette des Gebens und Nehmens und Dankens.

Ein altes Sprichwort meint: »Dankbarkeit kostet nichts und tut Gott und Menschen wohl.« So wohl – wie ein warmer Sonnenstrahl.

Marlise Müller

Bekümmernis, Sorge
und Unzufriedenheit mit dem Leben
haben sehr oft ihren Grund
in der Undankbarkeit,
in einer Gesinnung,
welche nur Ansprüche machen,
nicht aber danken will.

Dankbarkeit dagegen
ist ein still quellender Born der Freude,
ja, ein schirmender und helfender Engel.
Viele Menschen würden vor dem Abgrund
der Schwermut, in welchen sie versinken,
bewahrt sein,
hätten sie sich nur ein Herz fassen können,
Gott zu danken.

Hans Martensen-Larsen

Brief ohne Ende

Keiner schreibt Gott einen Dankesbrief. Man weiß ihn vielleicht nicht zu adressieren. Ich fand eines Tages solch einen Brief, erzählte Frobenius, als ich den Nachlaß meines Vaters ordnete.

»Lieber Gott!«, las ich, »verzeih mir, wenn ich erst in den letzten Tagen meines Lebens, wo ich so oft an Dich denken muß, dazu komme, Dir einen Brief zu schreiben. Ich habe nämlich völlig vergessen, mich bei Dir für das Wunder zu bedanken, das Du mir vor zwanzig Jahren offenbartest. Wie Du sicher weißt, hast Du mir einst Katharina zur Frau gegeben. Eine rechtschaffene Frau; ich muß es schon sagen! Sie hielt mein Haus in Ordnung, erzog die Kinder, schickte sie gewaschen zur Schule, auch war das, was auf den Tisch kam, genießbar; ich hatte alle Knöpfe am Rock, und auch an meinen Hemden fehlte keiner. Ich hätte also in meiner Einfalt recht zufrieden sein können. Ich war es nicht. Ich klagte Dir mein Leid. Es war in der Nacht vor unserem zehnten Hochzeitstag. Lieber Gott!, betete ich zu Dir, so kann es doch nicht weitergehen! Meine Frau ist zu rechthaberisch, zänkisch, wir streiten den ganzen Tag, immer hat sie das letzte Wort, ich muß mich sehr bemühen, sie zu überschreien, so laut ist ihre Stimme. Will ich nach rechts, geht sie nach links, selbst wenn wir sonntags unseren Spaziergang machen, fehlen nicht die bösen Worte, die wir uns gegenseitig an den Kopf werfen. Du bist doch allmächtig, lieber Gott! Laß ein Wunder geschehen! Verwandle meine Frau, die ein rechter Drachen ist, in eine sanfte liebe Taube, damit der Streit in unserer Ehe aufhört, damit sie einsichtig wird und nicht immer das letzte Wort behalten will.

So betete ich damals, und ich schloß vor dem Amen mit der Bitte, daß das Wunder über Nacht geschehen sollte. Ich wachte am nächsten Morgen auf, ich gab meiner Frau ein gutes Wort, um aus ihrer Antwort herauszuhören, ob Du das Wunder vollbracht hattest, Herr, um das ich Dich gebeten hatte. Ich bekam von ihr eine freundliche Antwort. Nun, Herr, ich zweifelte noch immer; denn ein Wunder ist ein Wunder, man nimmt es nicht so schnell als geschehen hin. Ich verlangte ein neues Hemd. Bei dieser Gelegenheit gab es sonst immer Streit. Ich bat sogar um ein anderes, ein zweites, aus keinem anderen Grund, nur um zu wissen, ob Du ein Wunder getan hattest. Ich bekam das zweite Hemd, ohne Widerspruch. Wir setzten uns zum Frühstück nieder. Ich war besonders nett zu Katharina, ich wollte Deinem Wunder würdig sein, es nicht durch eigene Ungeduld zerstören. Katharina schenkte den Kaffee ein, was sie seit langem nicht mehr getan hatte, ich verwöhnte sie umgekehrt auch – als wir uns zum Spaziergang anschickten, schlug ich den Weg ein, den sie am liebsten ging, sie aber bestand darauf, den anderen Weg zu wählen, weil er bei meinem Zigarrenhändler vorbeiführte. So verlief der ganze Tag in Harmonie und Freundlichkeit, kein böses Wort fiel, mein Gebet um ein Wunder war erhört worden. Du hattest mir eine neue Frau geschenkt. Nie wieder haben wir uns gestritten, keiner von uns wollte mehr recht behalten; denn da sie stets nachgab, wollte ich auch nicht zurückstehen, las ihr jeden Wunsch von den Augen ab, und so ist es bis zum heutigen Tag geblieben. Die Leute sagen immer, es gäbe keine Wunder mehr. Hier hat sich mir eines offenbart. Dafür danke ich Dir, lieber Gott, und wenn ich bald ...«

Der Brief war nicht zu Ende geschrieben, aber ich erkannte die Handschrift meines Vaters. Ich brachte den Brief meiner Mutter, die sehr um den Vater trauerte. Sie hatte ihn kaum zu Ende gelesen, da ließ sie ihren Tränen freien Lauf, barg ihr Gesicht an meiner Schulter und sagte: »Es ist damals wirklich ein Wunder geschehen. Nur glaubte ich bisher immer, daß Gott *mein* Gebet erhört habe. Denn ich betete in der gleichen Nacht und bat Gott, er möge meinen Mann verwandeln, der zänkisch und rechthaberisch war. Als ich am nächsten Morgen aufwachte, versuchte ich mit einem freundlichen Wort herauszuhören, ob Gott mein Gebet erhört hätte. Da Vater mir herzlich und ohne zu streiten anwortete, erkannte ich das Wunder und tat mein Leben lang alles, es nicht zu zerstören ...«

Je älter man wird, um so mehr wächst in einem die Neigung, zu danken.

Martin Buber

Erich Hüttig

Sonnenblumen-Legende

Nachdem der liebe Gott die Welt geschaffen hatte mit ihren Pflanzen, Tieren und Menschen, ging er noch einmal durch seinen schönen Paradiesgarten und freute sich, weil alles so gut war.

Er sah zu, wie Adam und Eva mit all den kleinen und großen Tieren spielten, hörte, wie die Vögel zwitscherten und sangen und erfreute sich an den bunten Blumen zwischen den Gräsern, die in den schönsten Farben leuchteten und süß oder herb dufteten, um ihren großen Schöpfer zu loben.

Ganz abseits am Wegesrand jedoch fand er ein hochgeschossenes Kraut mit großen grünen Blättern. Es war höher gewachsen als die meisten anderen Pflanzen, aber es hielt seinen Kopf gesenkt, war traurig und weinte still vor sich hin.

Erschrocken blieb der Herr stehen und fragte, warum es so weinen müsse.

»Ach, lieber Gott«, schluchzte der lange Stengel, »ich bin doch zu überhaupt gar nichts nütze. Ich habe keine farbige Blüte wie die Rose oder das kleine Vergißmeinnicht, und deshalb kommen auch keine Bienen und Schmetterlinge zu Besuch, um von meinem Nektar zu trinken. Ich trage auch keine saftigen Früchte wie der Kirschbaum, der Weinstock oder der Vogelbeerbusch; keiner der kleinen gefiederten Sänger kommt, um von mir zu naschen. Ach, Herr, es ist so unsagbar traurig, daß ich für niemand da sein kann. Niemand braucht mich ...«

»Ich habe gedacht«, meinte da der Herr, »weil du so schön groß und schlank bist und all die kleinen Gräser und Kräuter überragst, wärest du glücklich. Die Gänseblümchen und der Klatschmohn, die Tulpen, die roten Radieschen und die dicken Kürbisse – alle bewundern dich. Ich war schon in Sorge, du würdest vielleicht hochmütig auf all die niedrigen Pflanzen herabschauen!«

»O nein, Herr«, entgegnete der lange Stengel und bewegte ganz sacht seine grünen Blätter, »bloß groß sein und auf andere herunterschauen – das ist nichts. Ich möchte viel lieber klein sein und ein wenig blühen und leuchten. Bitte, mach mich klein und hell. Und wenn es dir nichts ausmacht, laß mich auch ein wenig duften, damit die Bienen und die Schmetterlinge und die dicken Hummeln zu mir kommen und von meinem Blütenstaub naschen. Oder – laß mich wohlschmeckende Früchte tragen, damit ich etwas anzubieten habe, wenn die Vögel mich besuchen ...«

»Aber hast du denn gar keine Angst«, fragte der Herr, »daß du dann deine ganze Schönheit hergeben mußt, daß dich die Tiere zerzausen und berauben, und daß du eines Tages vertrocknest und verdorrst?«

»O nein, Herr«, ereiferte sich die schlanke, hochgewachsene Pflanze, »es muß doch schön sein, etwas zu haben, was man hergeben kann. Was man verschenken kann. Wenn man sich anderen Geschöpfen hingeben kann – das ist doch – das wäre doch – ganz echt zu leben ...«

»Wenn das so ist«, erwiderte der Herr erfreut, »dann hast du den Sinn allen Lebens erkannt. Und weil du den Sinn des Lebens erkannt hast, sollst du nun eine goldene Krone tragen, leuchtend wie die Sonne. Du sollst selbst zu einer kleinen Sonne werden, und in deinem Samenkörbchen sollst du viel Blütenstaub und Nektar bereithalten für die Bienen und die Schmetterlinge. Tausend kleine Kernchen sollen in deinem Korb reifen, und die Vögel sollen dich besuchen und sich von deinen Früchten nähren. Und immer neue Blüten sollst du treiben, du goldener Sonnenschein, und ich will dir auch einen besonders schönen Namen geben. Sonnenblume sollst du heißen!«

»Danke, Herr«, rief da die junge Sonnenblume, »ich bin ja so glücklich!« Sie öffnete ihre erste goldene Blüte und streckte sie strahlend der Sonne entgegen.

Hermann Multhaupt

Das Kind mit den großen Händen

Es war einmal ein Kind, dem mangelte es an nichts. Was es sich auch wünschte und wonach es verlangte – die Eltern trachteten, es ihm zu erfüllen. Denn sie sagten sich: Unser Kind soll es einmal besser haben als wir. Sie stammten aus armem Hause und hatten die Not hautnah zu spüren bekommen. Dank des Fleißes des Vaters und der Opferbereitschaft der Mutter hatten sie es zu einem gewissen Wohlstand, ja, bescheidenem Reichtum gebracht, und davon gaben sie ihrem Kind, wann immer es einen Wunsch äußerte.

Das Kind hatte viele Wünsche. Wenn es mit den Eltern durch die Straßen der Stadt ging und in den Schaufenstern die köstlichen Süßigkeiten und schönen Spielsachen sah, streckte es seine Hand aus und sagte nur: »Dies!« oder »Das!« Und schon betraten Vater oder Mutter den Laden, um das Gewünschte zu kaufen. In seinem Kinderzimmer war bald kein Platz mehr für die vielen erfüllten Wünsche.

Das ging so manches Jahr. Das Kind wuchs heran, aber schneller als seine Gestalt wuchsen seine Hände. Ja, sie schienen gleichsam in einen Wettlauf des Wachsens getreten zu sein. Schließlich vergrößerten sie sich von Tag zu Tag um einen Millimeter; man kann sich leicht ausrechnen, wie viel sie von Monat zu Monat an Größe zunahmen. Es dauerte nicht lange, da berührten die Fingerspitzen die Kniekehlen, und bald konnte das Kind seine Schuhe im Stehen öffnen.

Die Eltern waren über die Entwicklung ihres Kindes recht besorgt. Sie suchten einen Arzt nach dem anderen auf, um sich raten zu lassen. Die Ärzte untersuchten das Kind vom Kopf bis zu den Füßen, aber keiner konnte die Ursache des schnellen Wachstums erklären.

Die Leute in den Straßen blickten verwundert auf das Kind mit den großen Händen, manche starrten ihm nach und einige lachten sogar. So große Kinderhände hatte bisher niemand von ihnen gesehen. Das Kind schämte sich seiner gewaltigen Gliedmaßen, es hielt die Hände oft auf dem Rücken verschränkt, damit sie niemand sähe, und nur wenn es einen Wunsch hatte, sich ein Spielzeug oder irgendeine Süßigkeit wünschte, nahm es die rechte Hand nach vorn und zeigte: »Dies!« oder »Das!«

Schließlich kam das Kind in ein Krankenhaus, wo es viele Wochen zubringen mußte. Die Ärzte beobachteten das Wachstum seiner Hände, forschten und stellten Versuche an, jedoch die Ursache des Leidens entdeckten sie nicht. Seltsamerweise kam das ungewöhnliche Wachsen mit der Zeit zum Stillstand, ohne daß sich ein erkennbarer Grund dafür abgezeichnet hätte. Kaum war das Kind jedoch aus dem Krankenhaus entlassen und wieder mit seinem gewohnten Tagesablauf vertraut, da begann wieder das unerklärliche Zerren in den Gliedmaßen, das Dehnen und Strecken, für das niemand eine Erklärung finden konnte. Handfläche und Fingerspitzen reichten nun fast auf den Erdboden hinab, und das Kind mußte achtgeben, sie beim Gehen nicht zu verletzen.

Die besorgten Eltern wußten sich keinen Rat mehr, und in ihrer Verzweiflung erfuhren sie von einem alten, weisen Mann, der weit von der Stadt entfernt am Rande eines kleinen Dorfes lebte.

Der Weise hörte sich die Geschichte von den rasch wachsenden Händen sehr genau an und dachte lange darüber nach. Schließlich sagte er: »Die Wurzel allen Übels und aller Krankheit liegt im Menschen selbst. Euer Kind hat etwas sehr Wesentliches nicht gelernt, und vielleicht ist es überhaupt das Wichtigste, was ein Mensch lernen kann: das Geben! Es hat eine Unzahl von Wünschen ausgesprochen und daher immer nur genommen. Je größer und zahlreicher seine Wünsche wurden, um so schneller sind seine Hände gewachsen. Wie große schöpfende Schalen sehen sie aus. Aber es sind Gefäße, die nur nehmen und nicht geben können, die gierig raffen und nicht verteilen. Ihr habt eurem Kind viel geschenkt – aber das Wichtigste versäumt. Es muß nachholen, was ihr ihm nicht vermittelt habt.«

Darauf sagten die Eltern: »Aber wir haben doch immer das Beste für unser Kind gewollt. Unser Kind sollte es einmal besser haben als wir in unseren Kindertagen.«

»Wer das Leben lehrt, muß auch seine Not lehren und die Hilfe, die andere nötig haben«, entgegnete der Weise. »Habt ihr nicht beides in jungen Jahren erfahren?« Und der Weise blickte die Eltern nachdenklich an, und seine Augen wurden schwer vor Traurigkeit. Dann fuhr er fort: »In dem Maße, wie euer Kind lernt zu geben, werden seine Hände ihre Unförmigkeit verlieren und wieder klein und demütig werden. Denn Demut ist ›Dien-Mut‹, das heißt: Mut zu dienen – und gibt es eine schönere Aufgabe für Hände als diese?«

Jetzt geht durch die Stadt und achtet auf Menschen, die ihre Hände verborgen halten und sie verstecken, weil sie zu groß geworden sind. Oder besser: Betrachtet eure eigenen Hände, ob sie nicht ein klein wenig zu groß geraten sind ...

LOTTE SCHABACKER

Ohne den Psychiater

Manche Leute sind nicht so besonders gern dankbar. Sie sähen ihre Angelegenheiten lieber so geregelt, daß der Grund für jegliche Dankbarkeit, eben die empfangene Wohltat oder Hilfe, entfiele. Das »Ich habe alles aus eigener Kraft geschafft« fänden sie für ihr Ansehen viel kleidsamer; und so versuchen sie erst einmal, das ihnen Zugefallene, das Geschenk im weitesten Sinn, als etwas zu betrachten, das ihnen eigentlich zusteht. Können sie sich das auch mit dem besten Willen nicht einreden, so bemühen sie sich um Abzahlung, die oft schon einen Hauch von »Heimzahlen« hat. Läßt auch das sich nicht machen, dann fühlen sie sich ungemütlich, und am liebsten gingen sie dem Wohltäter aus dem Weg.

Andersherum hat schon mancher manchen in die Flucht geschlagen, indem er ihn allzu deutlich fühlen ließ, jener schulde ihm Dank!

An all dem ist sicher nicht zuletzt dieses Wortpaar schuld, das wir miteinander verkoppelten: eben die Dankbarkeit und die Schulden. Eine solch wunderbare Sache wie die Dankbarkeit hätte doch wohl einen fröhlicheren Wortpartner verdient. Zum Beispiel den Trost!

Dankbarkeit und Trost? Ja doch, das geht! Das geht sogar sehr gut. Was im folgenden zu beweisen ist:

Einer Freundin ging es nicht gut. Genau gesagt, es ging ihr sehr schlecht! Die sonst so lebhafte und leichtfüßige Frau konnte sich nur mühsam auf Krücken durchs Zimmer schleppen, und der Arzt hatte gesagt, diese sehr schmerzhafte Erkrankung sei hartnäckig, die Patientin müsse viel Geduld aufbringen. Und gerade jetzt nahm ihr der Tod den Lebensgefährten. Aber es blieb nicht bei dem großen Schmerz des Abschiednehmens und den körperlichen Schmerzen, es tauchten auch noch andere Schwierigkeiten auf, nicht zuletzt finanzieller Art. Es wurde fraglich, ob sie ihr geliebtes Häuschen mit dem schönen Garten behalten durfte.

Besonders schlimm waren für sie die frühen Tagesstunden und das einsame Frühstück; schließlich starrte sie nur noch in die eine Ecke, in der die Verzweiflung hockte, und die kroch näher und näher. Der befreundete Hausarzt sprach da gegen die Wand; schließlich meinte er, hier könne wohl nur noch der Psychiater helfen.

Eines Tages war der Spuk vorbei. Sie sah wieder in die Welt, nicht gerade fröhlich, aber doch gefaßt, aufmerksam und mit Anteilnahme, wie früher. Die Wandlung war so deutlich, daß die

Freundin, die sich das herausnehmen durfte, fragte: »Sag mal, warst du ...«

Nein, sie sei nicht beim Psychiater gewesen, sie habe einen anderen Helfer gefunden: die Dankbarkeit! Und sie gab gern Auskunft. An einem ganz besonders schwarzen Morgen fiel ihr plötzlich eine Stelle aus dem Tagebuch ihres Vaters aus dem ersten Weltkrieg ein: »Der Unterstand ist miserabel, aber wir können dankbar sein, daß es nicht regnet!«

Dankbar sein, daß es nicht regnet! Der Satz ging ihr nicht aus dem Kopf, und ganz vorsichtig begann sie zusammenzuzählen, was ihr noch geblieben war, wofür sie selbst dankbar sein konnte: die Freunde, die ihre Hände ausstreckten, die anriefen, sie besuchten, Blumen und Bücher schickten. Die getreue alte Bekannte, die gerade jetzt dabei war, ihr die Wohnung zu putzen. Der ehemalige Mitarbeiter und jetzige Chef des Unternehmens, der ihr bereits eine Schreibtischstelle angeboten hatte, bei der sie ihr krankes Bein nicht belasten mußte. Der Hund, der so gerne geduldig bei ihr ausharrte. Das Nachbarkätzchen, das sie immer mal wieder besuchte. Der Sonnenstrahl, der gerade jetzt auf die frischen Brötchen fiel, so daß sie in einem wunderschönen sanften Gelb zum Verzehr lockten. Gesunde Hände und ein Kopf, der auch noch für etwas anderes gut sein konnte als für dunkle Gedanken.

Und in diesem Kopf fertigte sie von all diesen

Gaben eine Liste an, die sie von nun an jeden Morgen zur selben Stunde aufsagte, und die immer länger wurde von Tag zu Tag. Eine Litanei der Dankbarkeit.

Und wenn auch immer einmal wieder schlimme Stunden kamen, sie ließ nicht nach, diese Liste herzubeten. Ja, herzubeten, denn sie begriff, daß das ja in der Tat ein Gebet war; daß echte Dankbarkeit immer zuerst zu Gott gebracht wird und von dort aus um so herzlicher auch die menschlichen Helfer einschließt.

Was ihr zuerst erschienen war wie ein verzweifelter Ablenkungsversuch, dann wie eine harte Pflichtübung, wurde – schneller als sie gedacht hatte – zur lieben Gewohnheit, zum Bedürfnis. »Und dann«, sagte sie lebhaft, »freute ich mich eines Tages, daß ich überhaupt dankbar sein durfte!«

Ja, sie hat sich an der Dankbarkeitsleiter emporgehangelt. Heute kann sie schon wieder ohne Krücken durchs Zimmer gehen. Und da sie sich kurzentschlossen auf den bereitgehaltenen Schreibtischstuhl setzte, darf sie nun auch ihr Häuschen behalten. Das »Rezept« gibt sie gern weiter – ihre Erfahrung nämlich: Dankbarkeit selbst, unabhängig von dem Wofür, sei ein Wert, der froh machen kann und bereichert!

Dankbarkeit als lästige Schuld, als Muß gesehen – oder als Trost, als Freude, als Kontakt mit Gott erlebt – was bekommt wohl besser?

Vitamine für die Seele

»Das haben wir ja schnell hinter uns gebracht«, sagt der Arzt und nickt mir anerkennend zu, »es hätte auch viel länger dauern können. Um diese Jahreszeit sind wir besonders anfällig. Dazu die Temperaturschwankungen. Wichtig ist, daß Sie genügend Vitamine zu sich nehmen. Täglich ...«

»Die hatte ich heute schon«, erwidere ich. Vor meinen Augen taucht für Sekunden wieder das Bild vom Morgen auf: Ein kleiner Vogel setzte sich auf den Sims des Wohnzimmerfensters und schaute durch die Scheibe zu uns herein, wie wir am Frühstückstisch saßen. Er trippelte einige Male hin und her, öffnete drei-, viermal den Schnabel, und obwohl wir durch die Scheibe hindurch keinen Ton hörten, wußten wir, was er meinte: »Schönen guten Morgen, schönen guten Morgen!« Dann flog er weiter. Vielleicht zum nächsten Fenster, ja, sicher. Ein lustiger, gut gelaunter Morgenbote. Ein Vitamin für die Seele.

Der Arzt mir gegenüber bemerkt, daß ich lächle. Fragend sieht er mich an. Ich erzähle ihm die kleine Begebenheit, und er lächelt zurück. Er hat mich verstanden. »Ja«, sagt er leise, »das ist oft wichtiger als alles andere. Ich werde es mir merken und meinen Patienten verordnen, ohne Krankenschein: Vitamine für die Seele.«

Es gibt sie überall in unserem Alltag, auch dort, wo es rings um uns herum nur dürr und öde und grau zu sein scheint. Sie schweben in der Luft, die ja so viel mehr ist als nur einfach »Luft«. Sie sitzen auf jedem Grashalm, auf jedem Dachgiebel, sie sind allgegenwärtig und wollen nur entdeckt werden. Fabrizieren lassen sie sich nicht, und es gibt sie auch nicht in der Packung. Aber sie lassen sich gewissermaßen destillieren und vermehren. Aus einem einzigen, kurzen Lächeln. Einem Wort. Einer Geste. Aus einem Augenblick. Einem Ton. Einem winzigen Sonnenstrahl, der sich in einer Scheibe spiegelt. Die Scheibe kann einen Sprung haben. Das schadet nicht. Vitamine für die Seele bilden sich aus Kleinigkeiten. Sie sind selbst so klein, daß sie mit dem Auge nur zu sehen sind, wenn wir sehr genau hinschauen. Wenn wir wach sind. Bereit, aufzunehmen.

Vitamine für die Seele –
ein Sommermorgen zwischen duftenden Gärten,
ein schmales Flüßchen,
das sich durch eine Wiese schlängelt,
die bunten Pferdchen eines alten Karussells,
die sich im Kreise drehen,
Glockenklang,
der über herbstbraune Felder weht,

leiser Schneefall an einem dämmernden
    Nachmittag,
Vollmond zwischen dem Giebel eines Hauses
    und einer hohen Tanne,
zwei Hunde, die miteinander auf einem
    Rasen tollen,
ein Kind, das dich an der Hand faßt und sagt:
    ich hab' dich lieb,
ein blühender Baum, unter dem zwei junge
    Menschen sitzen,
ein gedeckter Kaffeetisch,
    auf dem ein Strauß Rosen steht,
zwei alte Menschen, die Hand in Hand
    nach Hause gehen ...

Es gibt sie ganz umsonst, diese Vitamine für die Seele, sie verlangen keinen Preis von uns, im Gegenteil, sie beschenken uns, ohne zu fordern. So wie echte Liebe, die nicht haben will, sondern geben. Sie sind allgegenwärtig, doch sie wirken nur, wenn wir uns ein klein wenig für sie Zeit nehmen, wenn wir innehalten auf unserer ewigen Suche nach Glück, nach Erfolg, nach Abwechslung, nach Anerkennung. Wir sind zu eilig geworden, zu erhaben über die kleinen Dinge unseres Alltags, unser Jagen und Streben und Fordern haben uns erschöpft, verbraucht. Deshalb sind wir so unzufrieden, bissig, launisch. Es fehlen uns ganz einfach Vitamine, eine kleine Gabe täglich. Vitamine für die Seele ...

Danklied

Ich danke Gott und freue mich
wie's Kind zur Weihnachtsgabe,
daß ich bin, bin, und daß ich dich,
schön menschlich Antlitz habe;

daß ich die Sonne, Berg und Meer
und Laub und Gras kann sehen
und abends unterm Sternenheer
und lieben Monde gehen;

und daß mir dann zumute ist,
als wenn wir Kinder kamen
und sahen, was der Heil'ge Christ
bescheret hatte. Amen!

Ich danke Gott mit Saitenspiel,
daß ich kein König worden;
ich wär geschmeichelt worden viel
und wär vielleicht verdorben.

Auch bet' ich ihn von Herzen an,
daß ich auf dieser Erde
nicht bin ein großer, reicher Mann
und auch wohl keiner werde.

Denn Ehr und Reichtum treibt und bläht,
hat mancherlei Gefahren,
und vielen hat's das Herz verdreht,
die weiland wacker waren.

Und all das Geld und all das Gut
gewährt zwar viele Sachen;
Gesundheit, Schlaf und guten Mut
kann's aber doch nicht machen.

Und die sind doch, bei Ja und Nein,
ein rechter Lohn und Segen!
Drum will ich mich nicht groß kastei'n
des vielen Geldes wegen.

Gott gebe mir nur jeden Tag
soviel ich darf zum Leben.
Er gibt's dem Sperling auf dem Dach,
wie sollt er's mir nicht geben!

Matthias Claudius

Anja

Leicht ist es getan: Zwei Finger, eine kurze Drehung – und es gibt kein Kinderelend mehr, das mich stören würde. Richtig gesagt: Kein Kinderelend auf dem Bildschirm mehr! Das große, das wirkliche Elend, das Elend der Kinder in aller Welt, ist natürlich geblieben. Doch es stört mich nicht mehr.

Unerträglich, was man uns in das Haus bringt! Immer diese armseligen Geschöpfe mit den hungrigen Augen, den schmalen, unkindlichen Gesichtern, dem Tode näher als dem Leben. Schrecklich, die Kinder mit den abgemagerten Gliedmaßen, Skelette, immer wieder Skelette – wie soll man das ertragen?

Haben wir nicht selbst genug Elend erlebt? Vier Jahre Krieg, das heißt vier Jahre in ständiger Nachbarschaft des Todes und dann die bitteren Jahre, die dem Kriege folgten? Genug! Doch wir haben es geschafft. Nun haben wir ein wohlverdientes Recht auf Frieden. Man soll uns daher mit diesem Kinderelend in Ruhe lassen. Wir sind nicht schuld daran. Wir haben damit nichts zu tun. –

Um das, was in den folgenden Wochen geschehen ist, verständlich zu machen, muß ich zuerst unsere Familienverhältnisse schildern. Beruf: Zollamtsoberoffizial, seit anderthalb Jahren im Ruhestand, drei Kinder, die Kinder längst flügge und wohl versorgt. Also keine Probleme! Das bedeutet: Vor uns nur mehr stille, beschauliche, geruhsame Jahre.

Wir führen eine gute Ehe. Else, meine Frau, und ich, verstehen uns und lassen einander gelten. Doch da gibt es etwas, das uns trennt. Wie so manches Übel kommt auch dieses vom Fernsehen. Wenn der Bildschirm uns das Elend der Kinder in aller Welt zeigen will, schalte ich ab. Meine Frau schaltet ein, starrt gebannt auf die Bilder, ist erschüttert, nicht anders als geschähe, was sie sieht, vor ihren eigenen Augen. Sie lebt alles so ergriffen mit, als wäre dieses Elend ihr eigenes Elend geworden.

Wenn ich abzuschalten versuche, nennt sie mich hart, grausam, egoistisch. Immer heftiger geraten wir aneinander. Verzweifelt versucht sie, meine Haltung zu ändern. »Ich weiß, du bist gar nicht so, wie du dich gibst«, erklärt sie.

Vielleicht hat sie recht. Doch das macht es nicht besser. Eines Tages aber fällt ein sonderbares Wort: »Nicht auf dem Bildschirm, in Wirklichkeit muß man dir zeigen, worum es geht!«

Ich rätsele lange an diesem Wort herum; ohne mir etwas zu sagen, hat meine Frau mit einem gewissen Hilfskomitee verhandelt. Und dann kommt sie eines Tages aus der Stadt zurück und führt ein schwarzhaariges, dunkelhäutiges Mädchen an der Hand, etwa drei Jahre alt, ein Kind, ein armseliges Geschöpf, wie ich es zur Genüge vom Bildschirm her kenne.

Ich bin empört.

»Was soll das?«

Meine Frau lächelt. Das ist alles.

»Woher kommt dieses Kind?«

»Aus dem Meer gefischt!«

»Eltern?«

»Verschollen!«

»Name?«

»Kein Name, nur eine Nummer: 78366. Ich nenne die Kleine Anja. Gefällt dir dieser Name?«

Als ob es darauf ankäme! Ich frage die Kleine, frage irgend etwas. Erschrocken blickt sie mich an. Was sie antwortet, klingt wie das Gezwitscher eines Vogels. Wie soll ich daraus klug werden?

»Es ist dir doch recht«, beginnt meine Frau vorsichtig, »wenn Anja vorerst bei uns bleibt?«

»Vorerst«, betone ich mit Nachdruck. –

Doch wenn ich heute nachrechne, ist aus diesem »Vorerst« ein halbes Jahr geworden und meine Frau nennt uns schon scherzhaft die »Familie Vorerst«. Doch aus diesem »Vorerst«, davon bin ich überzeugt, werden noch Monate und Jahre werden; denn wir haben uns an Anja gewöhnt und möchten sie nicht mehr missen, und

Anja hat sich an uns gewöhnt. Else, meine Frau, ist wieder eine perfekte Mutter geworden, nicht anders, als wäre Anja ihr eigenes Kind. Ja, sie behauptet, ihr Leben habe damit einen neuen Inhalt bekommen. Und ich? Was bleibt mir anderes übrig, als zu versuchen, diesem aus dem Meer gefischten Kind ein guter Vater zu sein.

Und nochmals: Kinderelend in aller Welt? Es ist nicht mehr nötig, den Bildschirm abzuschalten. Eines dieser Kinder, eines von Hunderttausenden, von Millionen ist mitten unter uns. Doch kommt es nicht gerade auf das »eine« an?

Wieviel Wüste gibt es auf diesem Gestirn, dessen Gäste wir sind, ich habe es nie vorher gewußt, nur gelesen; nie erfahren, wie sehr doch alles, wovon wir leben, Geschenk einer schmalen Oase ist, unwahrscheinlich wie die Gnade.

Max Frisch

Jo Hanns Rösler

Mangelwaren

Im Jahre 1946, als man überglücklich war, wenn einem in der Weinstube ein Wirt ein Achtelchen Weißen oder Roten einschenkte, dachte sich Jo Hanns Rösler die Geschichte von den begehrten Mangelwaren aus, die sich so überaus wichtig nahmen und anspruchsvoll gebärdeten – nur deshalb, weil sie rar waren …

Ich saß in einer alten Weinstube und trank mir mit meinem Achtel selber zu. So hatte ich gar nicht bemerkt, daß sich die Stube immer mehr füllte, und daß sich mehrere Personen an meinen Tisch gesetzt hatten. Sie unterhielten sich lebhaft, und ein hageres Fräulein im gelben Kleid machte gerade die spitze Bemerkung:

»Ja, ja, der Honig ist rar. Widersprechen Sie mir nicht, ich als Biene muß es doch wissen. Sie meinen, ich gebe heute Honig her? So mir nichts, dir nichts? Für jeden? Wie komme ich dazu? Bitte, wenn man mir Zucker gibt, kann man von mir Honig haben. Aber, daß ich zuerst gebe? Oder daß ich wie früher weit hinausfliege ins Land und mir alles selbst heimtrage? Diese Zeiten sind zum Glück vorbei und kommen auch so bald nicht wieder. Sie denken doch auch so, Herr Seidenwurm?«

Der überaus lange und magere Herr nickte.

»Ich bin völlig Ihrer geschätzten Meinung, Fräulein Imme! Ich als Seidenwurm kenne meinen Preis und spinne meine Seide wem ich will. Kommt jemand, der mir gefällt, spinne ich meine drei oder auch vier Meter. Aber wenn er nach dem Preis fragt und mir nichts anderes anzubieten hat als schlechtes Geld – schwupp, ziehe ich meine Fäden wieder zurück. Man serviert mir die saftigsten Blätter vom Maulbeerbaum. Ich bin ein begehrter Herr, das weiß ich sehr gut. – Auf Ihr Wohl, Herr von Havanna!«

Der so Angeredete schaute ein wenig griesgrämig in die Gegend. »Ich will meine Ruhe haben«, brummte er übelgelaunt. »Ich bin ein guter alter Tabakstengel und liege in verschlossenen Safes. Da könnte ja sonst jeder kommen und mich verlangen! Heute suche ich mir das Maul aus, das mich rauchen darf! Ich gelte als hohe Belohnung für Dienste, die nicht sein dürfen! Für mich backt der Bäcker weiße Semmeln; für mich legt das Huhn Eier; für mich öffnet man den Eisschrank mit den Würsten und dem Schweinefleisch! Wie dumm und bescheiden waren wir doch früher einmal! Da lagen wir ganz offen im Schaufenster des Zigarrengeschäfts, mit einem Preisschild versehen, meine Herrschaften! Heute ist das ganz anders. Wir sind wertvoller als ein Fetzen Papiergeld, und wer uns besitzt, kann sich ›von‹ schreiben ...«

Ich rieb mir die Augen und zupfte mich am Ohr. War es denkbar, daß ich einen Schwips bekommen hatte von dem winzigkleinen aber ungewohnten Achtelchen? In was für eine merkwürdige Gesellschaft war ich da geraten?

Da trat eine Frau an den Tisch, groß und kräftig, eine Frau in den besten Jahren.

»Leute, Leute«, sagte sie kopfschüttelnd, »was schwatzt ihr da für Dummheiten! Ihr seid doch heute auch nicht mehr als früher! Woher habt ihr nur all diese häßlichen und eigennützigen Gedanken?«

»Von den Menschen«, antwortete der Glimmstengel bissig.

Und der Seidenwurm fragte höhnisch: »Sie stellen wohl keine höheren Ansprüche, wie?«

Die Frau mit den guten Augen schüttelte den Kopf. »Nein«, sagte sie, »ich stelle mich zu den gleichen Bedingungen wie früher den Menschen zur Verfügung. Sie würden sich auch sehr wundern, wenn ich es ihnen plötzlich gleichtun würde und so böse und eigennützig wäre wie sie. Und wie Sie, Fräulein Imme, Herr Seidenwurm, Herr von Havanna!«

Die Biene summte spöttisch: »Wer sind Sie denn, Sie sonderbare Person?«

Die Frau sagte ernst: »Ich bin die gute alte Mutter Erde.«

Pralinen

Fein!« stellte Frau Marie fest, als sie – Geduld ist nicht ihre Stärke – trotz der Aufschrift »Erst an Weihnachten zu öffnen!« die braune Papierhülle von dem Päckchen reißt. »Wieder einmal Pralinen! – Die gute Kusine Julie!« fügte sie gerührt hinzu. Und entblößte das Paket nicht weiter. Sie weiß ja nun Bescheid. Sie läßt die Schachtel mit dem zarten japanischen Seidenpapier und die Goldlitze unversehrt und legt die Spende in die Schublade zu anderen weihnachtlichen Überraschungen.

Während sie noch frohgestimmt ist, kommen ihr plötzlich Krauters in den Sinn. Die guten Krauters! Und jäh taucht der Gedanke auf: Könnte man mit dieser eleganten Schokoladenpackung sich nicht einer Verpflichtung entledigen, sozusagen eine moralische Schuld tilgen, wenn man sie den Krauters weiterschenkte? So oft hatten die Guten einen im Auto da- und dorthin mitgenommen! Derart luxuriöse Pralinen sind zum Selberessen sowieso beinahe zu schade! »Geschenkpackung« steht ja ohnehin in großen Lettern meist auf solchen Leckereien gedruckt.

Und schon schreibt Frau Marie ein Kärtchen: »Herzlichen Weihnachtsgruß!«, schiebt es zwischen die Goldlitze und das sternenübersäte Seidenpapier, gibt der Schachtel ihre nüchternbraune Umhüllung, adressiert sie an Krauters und gibt sie zur Post. Die Base Julie aber wird sie am Heiligen Abend anrufen und sich für die im doppelten Sinne geschmackvolle Packung herzlich bedanken.

Doch auch bei Krauters darf sich die elegante Schokolade-Packung nicht unter dem Weihnachtsbaum präsentieren. Frau Krauter hat ja Tochter und Schwiegersohn im fernen Westen Kanadas! Wäre das nicht der richtige Ort für ein so hübsches Geschenk? Deutsche Schokolade! Und Bill, der Schwiegersohn, schleckt doch so gerne! Die nächste Post schon bringt die Pralinenschachtel auf die Reise nach Kanada. Luftpost! Ist zwar teuer, aber – das Geschenk selbst hat ja nichts gekostet!

Die süße Spende kommt in der Tat noch einen Tag vor dem Fest in der Stadt am Pazifischen Ozean an. Schon liegt sie auf dem Tisch inmitten anderer Geschenke. Da klingelt das Telefon. Es ist der Freund und Hausarzt. Seine Gattin habe wieder mal eine Gallenkolik. Ob die junge Frau nicht einspränge? Der Erkrankten einige Festvorbereitungen abnähme?

Natürlich wird sie das tun! Und zwar sofort! Eine Sekunde bleibt sie in der Mitte der Stube stehen. Blumen? Sinnlos. Es ist ja Abend, die Geschäfte sind geschlossen. Ihr Blick streift die Pralinenschachtel. Ja! Sie greift danach, klemmt sie unter den Arm und sitzt die Minute hernach im Auto, um zu der Freundin zu eilen, deren Warmherzigkeit sie bei der Eingewöhnung im fremden Land doch so viel verdankt. Der Mutter Krauter wird sie ihre und ihres Mannes Freude über die guten deutschen Pralinen überzeugend schildern, ob sie nun selbst gefuttert wurden oder nicht.

Der Herr Doktor aber runzelt am Abend die Stirn, sagt: »Schokolade? Brrr! Nichts für Gallenkoliken! Aus den Augen damit!« Die Kranke lächelt ihren gestrengen Ehemann und Arzt gequält an und flüstert: »Wenn ich sie schon nicht haben darf, dann bring sie doch deinem rührenden Patienten, dem kleinen Charlie ...«

So kommt es, daß die abgezehrten Fingerchen des tapfer leidenden Charlie am Weihnachtsmorgen die goldene Litze um die Schokolade aus Germany entnesteln. Sorgfältig löst das kleine Kerlchen das weihnachtliche Seidenpapier, öffnet die Schachtel, entnimmt dem obendrauf liegenden Briefumschlag eine prächtige Weihnachtskarte und einen komischen Geldschein, legt beides auf seine Bettdecke, lüftet die letzte Umhüllung und ruft – der Menschheit ganzen Jammer auf dem schmalen Gesichtchen – »Mamie! Mamie!«

Mamie eilt herbei. Sie schließt das verzweifelt enttäuschte Männlein in die Arme und tröstet: »Jetzt gleich fährt Mamie in die Stadt und kauft einen ganzen Sack voll Schokolade für Charlie. Wenn der Onkel Doktor kommt, erzählst du ihm, daß du schrecklich enttäuscht gewesen bist, ja?«

Mamie schiebt die Weihnachtskarte mit der komischen Aufschrift »Liebes Fräulein Julie!« und die blaue Hundertmarknote in den Umschlag zurück, schreibt ein paar erklärende Worte dazu, packt alles zusammen, adressiert es an den »Onkel Doktor« und bringt es flugs zur Post.

Was weiter? Nun – weiter reisen die »guten deutschen Pralinen« zurück, Station um Station. So kommt das Päckchen zur Faschingszeit schließlich wieder bei Frau Marie an und geht von da mit folgendem Brief an Kusine Julie:

»Liebe Julie! Pralinen bis dato ehrfürchtig geschont. Heute unwiderstehliches Schleckgelüste. Schachtel geöffnet. Entdeckung: kunstvoll geschnitztes Salatbesteck in leer gefutterter Pralinenschachtel. Und – Hunderter! Liebste! Hast Du etwa der Spenderin vorgeschwärmt, wie himmlisch Dir die Pralinen geschmeckt haben? Peinlich, peinlich! Nur gut, daß ich die Packung nicht auch weiterverschenkt habe! Deine Marie.«

Die goldene Hochzeit

So, nun muß ich aber wirklich gehen, Bettinchen, es ist schon spät, und du wirst sicher todmüde sein nach dem anstrengenden Tag. Ja, so eine goldene Hochzeit ... Aber du kannst zufrieden sein, so frisch und munter, wie du aussiehst! Also mach so weiter, und noch viele schöne, gesunde Tage wünsche ich dir und deinem lieben Mann! Zu schade, daß er heute nicht dabeisein konnte!«

»Ja, zu schade – aber was kann man machen? – Also leb wohl, Emilie, und nochmals tausend Dank für die herrlichen Tulpen! Mein Mann wird ja staunen, wenn er die vielen schönen Blumen hier sieht!«

»Leb wohl!« – »Leb wohl!« Inniger Händedruck – ein Lächeln – In-den-Mantel-Helfen – und dann schließt sich die Tür hinter diesem hoffentlich letzten Gast.

Die Jubelbraut sinkt auf das Sofa, schließt die Augen, das liebenswürdige Lächeln verschwindet, die Züge entspannen sich, und da sitzt sie nun in ihrem Blumenflor und sieht gar nicht nach Jubel aus, die arme Jubelbraut!

Was war das auch für ein entsetzlicher Tag gewesen! Wie hatte sie sich auf ihn gefreut, ihn herbeigesehnt all die Monate hindurch – wie leuchtend hatte er ihr vorgeschwebt als Krönung ihres langen und trotz allem so unendlich glücklichen Lebens! Wenn nur nichts dazwischenkommt, wenn wir ihn nur beide frisch und gesund erleben dürfen, hatte sie oft gedacht! Und nun, und nun ... Ja, frisch und gesund waren sie beide, gottlob! Aber da saß sie nun mutterseelenallein, und er ...

Niemand konnte man es erklären, wie das kam, wie das möglich war, daß ihr Mann heute, heute nicht an ihrer Seite war! Das war ja das Schreckliche: die Wahrheit war so unmöglich, so unfaßbar, daß niemand sie ihr geglaubt hätte, selbst ihre alte Schulfreundin Emilie nicht, hinter der sich eben die Tür geschlossen hatte.

So war sie denn gezwungen gewesen zu lügen, von morgens früh bis abends spät zu lügen – ausgerechnet sie, die Wahrheitsliebende, der auch die kleinste Notlüge so ungeschickt und stockend über die Lippen kam.

Aber das Schlimmste war ja, daß ihr auch die Lügen niemand geglaubt hatte; sie hatte es wohl gemerkt, nein, niemand hatte sie ihr geglaubt! Die Wahrheit und die Ausrede, beides war gleich unmöglich! Eine unaufschiebbare geschäftliche Angelegenheit! Lächerlich! Jeder wußte doch, daß ihr Max sich seit beinahe fünfzehn Jahren zur

Ruhe gesetzt und eigentlich auf der weiten Welt nichts mehr zu tun hatte – seine allerdings recht zahlreichen Liebhabereien ausgenommen. Aber was hätte sie denn sonst sagen sollen? Eine plötzliche Erkrankung? Auch das war unmöglich; er konnte ja jeden Augenblick frisch und gesund und strahlend wie immer ins Zimmer treten.

Wenn ein Mann und eine Frau so glücklich sind, den goldenen Hochzeitstag zu erleben, so haben sie ihn Seite an Seite zu verleben! Ein halbes Jubelpaar, das hat es wohl noch nie gegeben; diese Prüfung hatte der Himmel ihr vorbe-

halten, ihr allein von allen Sterblichen! Oh, wie würden sie klatschen in der ganzen Stadt, oh, oh! Und das Richtige würden sie doch nicht treffen!

Dieser Tag! Noch einmal zogen die Einzelheiten dieser martervollen Stunden an ihr vorüber.

Gleich am Morgen die weihevollen Klänge des Chorals, die sie aus dem Schlummer weckten. Und während sie in fliegender Hast sich die notwendigsten Kleidungsstücke überstreifte, mußte sie gleichzeitig ihre noch ganz traumverwirrten Gedanken sammeln; denn es mußte ja etwas geschehen nachher, auch von ihrer Seite; sie mußte ja danken; es war ja niemand da, der es übernehmen könnte. Ihrem Mann flogen die rechten Worte immer nur so zu; aber sie war so unbeholfen! »Wenn sie doch nur recht viele Verse von ›Lobe den Herren‹ spielen wollten, ach, nur noch einen Augenblick Bedenkzeit«, stöhnte sie und zog sich mit zitternden Fingern die Haube über das Nachtzöpfchen. Aber da waren sie schon still. Und dieser fürchterliche Augenblick wurde zum Ereignis, da sie allein am Fenster stand und einige ungeschickte Worte hinunterstotterte zu den wohlmeinenden Musikanten. »Danke schön, danke schön«, hatte sie ja wohl gesagt, »das war ja eine große Überraschung, vielen Dank!«

Aber die Musikanten wollten nicht weichen; sie guckten immer an ihr vorbei, ob denn nicht bald der andere Teil des Jubelpaares erscheinen würde, aber der kam nicht, aus guten Gründen kam er nicht, und es blieb ihr nichts anderes übrig, als ihre Schmach mit lauter Stimme auf die Straße hinunterzurufen: »Mein Mann ist leider heute nicht da; er mußte – er mußte verreisen in geschäftlichen Angelegenheiten – ich werde ihm erzählen, daß Sie so schön gespielt haben – ja – auf Wiedersehen!«

Sie zögerten noch immer. Diese Mitteilung war für ihre geraden Gemüter wohl auch schwer zu fassen. Dann murmelten sie etwas untereinander, packten ihre Instrumente ein und schlichen davon.

Aber die Jubelbraut sank mit zitternden Knien auf ihr Bett zurück.

Und dann ging es so weiter, eine Leidensstation nach der andern. Es kam die Aufwartefrau mit einem viel zu schönen und teuren Blumenkorb. Sie gratulierte mit nassen Augen; die gute Person weinte ja immer gleich. Aber selbst mit nassen Augen bemerkte sie, daß einer zuwenig da war, und kaum hatte sie den Glückwunsch heraus, so fragte sie: »Na, wo ist denn der Herr? Ist er denn gestern abend nicht nach Hause gekommen?« Da galt es denn wieder zu lügen, und sie tat es, so gut es in ihren schwachen Kräften stand.

Es kam das Frühstück mit dem extra guten Kaffee in der blaugoldenen Tasse, mit dem weichen Ei und dem Kränzchen von Schneeglöckchen und Veilchen um ihren Platz. Allein thronte sie auf ihrem Sofa, allein nahm sie den Riesenpakken von Glückwunschbriefen und -karten entgegen, den ihr der Briefträger mit freundlichen Worten überreichte. Ach, das war ja alles ganz gleichgültig, und doch stöberte sie mit zitternden Händen zwischen den Briefen herum, es mußte, es mußte ja etwas von ihrem Mann dabei sein, es durfte doch nicht zum Äußersten kommen, es war doch nicht möglich, daß er ... Richtig, da war eine Karte mit der wohlbekannten, schwungvollen Handschrift:

»Mein liebes Bettinchen, ich komme am Mittwoch bestimmt, aber wann, kann ich noch nicht genau sagen, vielleicht erst gegen Abend. Freue mich sehr auf zu Hause! Immer Dein Max.«

Also, nun war es heraus, nun war es klar, ihr Schicksal war besiegelt. Diese fröhlichen, harmlosen Zeilen bewiesen es deutlich: er hatte ihn –, er hatte seinen goldenen Hochzeitstag ––– vergessen! Wie er ihn mit schöner Regelmäßigkeit fast jedes Jahr vergessen hatte, wie er auch seinen silbernen Hochzeitstag beinahe vergessen hatte! Wie er überhaupt so vieles vergaß, was ihr wichtig war, und dafür wieder an andere Dinge dachte, die ihr nebensächlich, übertrieben, ja kindisch vorkamen. Dieser Max! »Warum soll ich an unsern Hochzeitstag denken?« hatte er sich so oft entschuldigt. »Ich liebe dich doch das ganze Jahr, warum soll ich dich am 27. März besonders lieben? Ich bringe dir doch soundso oft im Jahr Blumen mit und schenke dir auch immer mal was

Schönes! Aber vom Kalender lasse ich mir meine Gefühle nicht vorschreiben!«

Ja, um Ausreden war er nie verlegen. Dabei hatte er gewissermaßen recht. Er war der liebenswürdigste, unterhaltsamste Mann, den man sich denken konnte, und er verwöhnte seine kleine Frau in jeder Weise; aber alles tat er, wie es ihm gefiel, und immer ein bißchen anders als andere Leute.

Bei alledem vertrugen sie sich sehr gut, und ihre Freunde fanden, daß sie sich wundervoll ergänzten. Das mochte wohl sein. Aber dies war denn doch ein starkes Stück und setzte allem die Krone auf: seinen goldenen Hochzeitstag zu vergessen!

Wenn nur wenigstens ihr Gewissen nicht gewesen wäre! Aber mit einem einzigen Wort hätte sie ja das Unheil abwenden können – mit dem Wort: »Max, am 27. März ist unser goldener Hochzeitstag, vergiß nicht!« Oh, hätte sie doch dies Wort gesagt! Hätte sie sich doch überwunden! Aber als er vor acht Tagen seinen Entschluß ankündigte, eine kleine Reise zu machen, als es ihr dämmerte, daß er auch dieses Jahr wieder in holder Unbewußtheit dem großen Tag entgegenging, da dachte sie: Ich sage ihm diesmal nichts! Nein, ich sage ihm nichts. Einmal kann er auch selber dran denken.

Aber daß es wirklich soweit kommen würde, hatte sie im Grunde doch nie für möglich gehalten. Sie hatten so oft im Lauf der letzten Monate von dem großen Ereignis gesprochen, hatten bedauert, daß die einzige Tochter, die in Amerika verheiratet war, nicht kommen würde, weil sie gerade ein Kindchen erwartete, hatten sich Einzelheiten ausgemalt und sich gemeinsam gefreut. Nur gerade in den letzten Wochen war von dem Festtag nicht mehr die Rede gewesen, weil Frau Bettina schon anfing, neugierig zu werden, wie es wohl diesmal gehen würde. Und als er dann seinen Reiseplan entwickelte, da war es ihr klar: ja, er hatte ihn vergessen, auch diesmal. Und zugleich reifte in ihr der felsenfeste und törichte Entschluß: Ich sage ihm nichts! – Mag er selber sehen, was daraus wird!

Aber die den bitteren Kelch austrinken mußte, das war nun sie gewesen, während er wohl leichten Herzens irgendwo in der Welt herumfuhr. Sie mußte standhalten, Minute für Minute; sie mußte sich den goldenen, leider viel zu kleinen Ehrenkranz aufs Haupt setzen lassen, während das goldene Sträußchen für den Bräutigam schamhaft in irgendeiner Ecke verschwand; sie mußte mit gefrorenem Lächeln die dumme Lüge wieder und wieder sagen; sie mußte in erstaunte, ungläubige, verlegene Gesichter sehen; sie mußte Gedichte anhören, die eigentlich an zwei Personen gerichtet waren, während doch nur eine dastand (aber die Verse ließen sich ja in der Eile nicht mehr umändern!). Sie mußte dastehen mit

Blumen in der Hand, von Blumen umgeben, immer lächelnd und nur den einen Wunsch im Herzen: Ach, nur einen Augenblick Ruhe und Alleinsein, damit man sich doch wenigstens ausheulen könnte ...

Und nun war sie also allein. Die Aufwartefrau hatte sie vorsorglich weggeschickt, nachdem sie das Abendbrot (für zwei Personen!) vorbereitet hatte. Gegen Abend wollte er ja kommen.

Ein schrilles Klingeln – war er es? Es fuhr ihr ordentlich in die Glieder. Gottlob nein, es war der Briefträger mit einem Eilbrief aus Amerika. Im Taumel der Ereignisse hatte sie wirklich kaum bemerkt, daß dieser wichtigste Gruß noch fehlte!

Sie setzte sich wieder aufs Sofa, öffnete und las. Ach, die gute Tochter, wie sie sich das alles ausmalte! Ach, Luise, wenn du wüßtest!

»Ich sehe Euch förmlich vor mir«, stand da zu lesen, »den Vater in seiner ganzen stattlichen Höhe, fröhlich und liebenswürdig, getragen von den Wellen dieses festlichen Tages, und Dich daneben in Deinem Schwarzseidenen, etwas kleiner und rundlicher, aber doch sehr würdig, mein gutes Mutterchen! Das ganze Zimmer ist voller Blumen, auf der Kirschbaumkommode häufen sich die mehr oder weniger geschmackvollen Geschenke; es riecht nach Hyazinthen, und die ganze Stube ist gedrängt voll mit fröhlichen und gerührten Gästen. Und dann kommt eine Abordnung von der freiwilligen Feuerwehr oder was weiß ich, und Herren im Zylinder kommen und halten wohlgesetzte, volltönende Reden. Und kleine Kinder mit Sträußchen und Kränzchen piepsen kleine Verse und bleiben stecken. Und der Vater weiß für jeden das richtige Wort und macht Witze, daß plötzlich die ganze Stube voll Gelächter ist, und schenkt unermüdlich Wein ein. Ach, wenn ich doch dabeisein könnte!

Und abends kommt das Allerschönste! Es hat mir immer so gut gefallen, wenn Ihr als Abschluß eines festlichen Tages ein ganz stilles, kleines, aber feines Abendbrot einnahmt, auf dem alten grünen Plüschsofa, auf dem Ihr nun fünfzig Jahre gesessen habt. Und da sitzt Ihr nun auch an diesem Festabend, nachdem Ihr die letzten Gäste mit List und Tücke hinauskomplimentiert habt. Die Mutter hat einen schönen Tisch gedeckt, mit Blumen und Kerzen, so recht liebevoll, wie sie das kann, und da eßt Ihr Euer kleines Festmahl und haltet Euch dabei viel die Hände und stoßt mit den Gläsern an und guckt Euch in die Augen und denkt: Es waren doch gute fünfzig Jahre, die wir miteinander gewandert sind ...«

Ja, Luise so hätte es sein können, so hätte es sein müssen!

Die Krönung eines reichen gemeinsamen Lebens! Nun ist der Tag vorbei, unwiederbringlich und, ach, so ganz anders vergangen. Dämmerung beginnt das Zimmer zu verhüllen, und eine alte Frau sitzt allein auf dem Sofa und weint.

Ich werde doch den Tisch decken müssen, denkt sie am Ende und tupft sich mit ihrem feinen Batisttaschentuch das Gesicht ab. Und nach dem Abendbrot muß ich sehen. Essen muß er doch immerhin nach der weiten Reise.

In der Küche ist alles in Ordnung. Die Pasteten stehen in der Wärmeröhre, die jungen Erbsen zugedeckt seitwärts auf dem Herd; die Tomatensuppe schmurgelt sanft vor sich hin. Sie holt noch ein Glas mit besonders schönen Pfirsichen aus dem Keller zum Nachtisch und eine Flasche guten alten Rotwein. Und nun muß der Tisch gedeckt werden. Die Tochter hat recht: dies gemeinsame Ausklingenlassen eines frohbewegten Tages war immer das Schönste gewesen. So legt sie in gewohnter Weise die Bestecke auf, setzt die Teller zurecht, stellt sogar einen Blumenstrauß hin – welchen aus der Fülle? Ach, irgendeinen, es ist ja doch alles gleich. Soll sie die beiden silbernen Leuchter herholen? Ach nein, heute nicht, heute genügt wohl die alte Hängelampe! Festliche Kerzen passen nicht zu dem traurigen Mahl, das hier stattfinden wird.

Die Stube ist schon fast dunkel; sie will noch einen Augenblick vor die Haustür gehen, ins Gärtchen. Es verlangt sie danach, ein wenig Luft zu schöpfen, und es verlangt sie danach, obwohl sie es sich nicht eingestehen will, auszuschauen nach ihm, der die Ursache all ihres Kummers ist.

So ein sanfter Frühlingsabend, so eine laue,

verheißungsvolle Luft! Zart und hellgrün ist der Himmel, und am Haus leuchtet noch stark das Gelb der Osterglocken. Sie hätte ihren silbergrauen Schal kaum mitzunehmen brauchen; ja, man kann es schon wagen, sich auf das Bänkchen zu setzen, von dem man so schön die Gartenstraße hinuntersehen kann, auf der er kommen muß.

Und sie sitzt regungslos und wartet. Er soll kommen; er soll nun bald kommen! Sie mag jetzt nicht daran denken, wie diese heikle Sache ausgehen wird. Aber sie sehnt sich nach seiner Stimme, seinen Augen, seinen warmen Händen. Sie will ihm kein gutes Wort, beileibe keinen Kuß geben, so weit ist es noch lange nicht! Aber er soll dasein; er soll in Reue zerfließen, ihr tausend gute Worte geben, sie streicheln und zu trösten versuchen. Und sie – sie wird stillhalten.

Und da kommt er nun wirklich zwischen den Gärten herauf. Es ist sein immer noch lebhafter, rhythmischer, sorgloser Gang. Er weiß von nichts; das sieht sie schon von weitem. Auch auf der langen Heimreise ist ihm also nichts eingefallen. Und nun sieht er sie und winkt mit seinem großen Schlapphut. Sie rührt sich nicht.

Er öffnet das Gartentörchen. »Guten Abend, Bettinchen, na, du sitzt ja so versteinert da wie eine Gartenfigur. Erkältest du dich auch nicht?« Seine Stimme ist der Inbegriff der Harmlosigkeit.

»Guten Abend, Max«, sagt sie nun etwas frostig.

Er setzt sich neben sie auf die Bank. Er klapst ihr freundlich auf den Arm. »So ein schöner Abend«, sagt er, »eigentlich der erste richtige Frühlingsabend, findest du nicht?«

»Ja, der Abend ist schön«, sagt seine Gattin, ohne ihn anzusehen.

»Na, sag mal, du kommst mir so komisch vor, ist irgend etwas passiert? Oder bist du böse, daß ich so spät komme? Es ging wirklich nicht gut anders. Du hast wohl mit dem Abendbrot warten müssen? Komm, Bettinchen, sei vergnügt. Ich hab' dir auch was mitgebracht, etwas ganz Großartiges, aber erst mußt du ein freundliches Gesicht machen!«

Er wartet zum Glück nicht auf ihr freundliches Gesicht, sondern kramt und sucht in allen seinen Taschen.

»Wenn du ahntest, wenn du ahntest ...«, sagt er dabei, und nun hat er es. Er hält es geheimnisvoll in der geschlossenen Hand. Es ist etwas sehr Kleines.

»Du mußt nämlich wissen, es war keine reine Vergnügungsreise, die ich gemacht habe, es war etwas wie eine Geschäftsreise, und sogar eine erfolgreiche, kann ich dir sagen. Ich habe Geld verdient mit einer meiner Erfindungen, über die du dich immer so lustig machst. Und da habe ich mir gedacht, jetzt mache ich meinem alten Bettinchen auch mal einen Spaß; sie hat eigentlich noch nie etwas richtig Schönes von mir bekommen.

Alles, was ich verdient habe, ist zwar dabei wieder draufgegangen. Ich hab' kaum noch die Fahrkarte hierher bezahlen können; aber es reut mich gar nicht, wenn es dir gefällt!«

Er wickelt vorsichtig das Seidenpapier ab, öffnet das Lederkästchen, und da liegt nun, im sinkenden Abendlicht gerade noch sichtbar, ein wundervoller Ring. Andächtig schaut er selbst seine Gabe an.

»Der Goldtopas hat mich so an deine schönen braunen Augen erinnert, die mir zuallererst an dir gefielen! – Deine Augen sind noch die gleichen, ja, ich glaube, sie sind eher noch schöner geworden, weil deine Seele daraus strahlt. Und die liebe ich. Na, und nun? Gefällt er dir? Kriege ich keinen Kuß?« Bettina sieht den Stein und hört die Worte, die Worte eines Liebenden, noch jetzt nach fünfzig Jahren. »Ja, hast du es also doch gewußt?« fragt sie mit zitternder Stimme. Oh, der köstliche, der wundervolle Stein! Sie will danach greifen, aber sie kann es noch nicht.

»Was denn gewußt?« fragt er ahnungslos.

»Was für ein Tag heute ist ...«

»Mittwoch«, sagt er, »Mittwoch. Aber warum denn?«

Da muß sie nun doch lachen, aber gleichzeitig brechen die Tränen hervor.

»Unser goldener Hochzeitstag ist heute!« Und nun ist kein Halten mehr; sie schluchzt laut heraus und schlägt die Hände vors Gesicht.

Es geschieht nun doch, was in dieser langen Ehe noch selten geschehen ist: die Nachricht verschlägt ihm die Sprache.

Eine Weile ist es ganz still, und dann kommt es sehr gepreßt von seiner Seite: »Aber warum hast du es mir denn nicht gesagt?«

Oh, diese schwere, diese wichtige Frage! Darauf muß sie nun die Antwort schuldig bleiben. Sie schluchzt nur heftiger. Sie ist ja schuldig, zehnmal mehr schuldig als er. Er hat unwissentlich gefehlt; sie aber hat mit Wissen und Willen gefehlt.

»Bettina«, sagt er dann mit ganz tiefer, ernster Stimme, »mein Armes, das ist ja schrecklich! Und du hast auf mich gewartet, und ich kam nicht, und die ganze Stadt war da und hat gratuliert, und du warst ganz allein. Wie fürchterlich!« Sie nickt und schluchzt; sie möchte ihm alle ihre ausgestandenen Leiden erzählen, die Tränen hindern sie daran. Aber wie die Sonne durch Nebelschleier bricht und sie durchtränkt und siegreich zu Boden drückt und gänzlich auflöst, so beginnen ihre Kümmernisse sich aufzulösen, zu zergehen vor einer großen Seligkeit, die in ihr wächst und wächst und ihr fast die Brust zersprengt. Daß das möglich ist, daß ihr das geschieht, dies Seltene und Köstliche: nach fünfzigjähriger Ehe schenkt ihr der Mann an einem, wie er glaubt, ganz beliebigen Tag eine unerhörte Kostbarkeit und spricht Worte dazu, wie nur ein Liebender in den allerersten Tagen der Liebe sie findet.

Sie schluchzt und schluchzt; aber es sind schon lange keine Trauertränen mehr; es sind Freudentränen.

»Bettina«, sagt die geliebte Stimme, »komm, weine doch nicht so, es tut mir ja so schrecklich leid!«

Da sinkt sie an seine Brust. »Es braucht dir nicht leid zu tun, Max, es ist ja alles viel, viel schöner so!«

Da strahlt er auf. Und in der Stille, die nun folgt, steckt er ihr den Ring an den Finger, und es ist fast wie ein neues Verlöbnis auf höherer Ebene.

Und dann trocknet sie ihre Tränen und sagt: »Wart' noch einen Augenblick hier; ich habe uns ein kleines Abendbrot gerichtet. Es sind so viele Blumen da, du wirst staunen! Wart' hier auf der Bank – ich – ich will nun doch noch die Kerzen anzünden!«

Die Liebe allein versteht das Geheimnis, andere zu beschenken und dabei selbst reich zu werden.

Clemens Brentano

Hertha Vetter

»Was ist denn das, dankbar sein?«

Meine Enkel, Christian acht und Barbara neun Jahre alt, waren bei mir zu Besuch. »Warum ist denn die Mutti nicht mitgekommen?« fragte ich die Kinder. »Die Mutti ist mit dem Putzen noch nicht fertig«, erklärte mir Barbara.

»Wieso?« fragte ich. »Zu euch kommt doch ein um den andern Tag Frau Menge zum Putzen.«

»Die ist von der Leiter gefallen und hat sich den Fuß gebrochen«, erfuhr ich.

Zwischen Kakao und Kuchen stellte Barbara aus heiterem Himmel die Frage: »Du, Omi, was ist denn das, dankbar sein?«

Um ein paar Sekunden Zeit zu gewinnen und zu überlegen, wie ich ihr das am besten erklären könnte, fragte ich: »Wie kommst du denn auf diese Frage, Barbara?«

»Die Mutti sagt immer, wir sollen dankbar sein, daß es uns so gut geht.« Christian bestätigte mit vollem Mund seine Schwester: »Die Mutti sagt immer, Kinder sollen ihren Eltern dankbar sein.«

»Wie können wir das machen, dankbar sein?« führte Barbara die Konversation weiter.

Insgeheim wünschte ich, meine Tochter Erika und mein Schwiegersohn Hans könnten dieses Gespräch belauschen. »Nun«, gab ich zu überlegen, »wenn die Frau Menge jetzt für einige Zeit ausfällt, könnt doch ihr der Mutti helfen! Ihr könnt eure Zimmer selbst aufräumen, die Schuhe für alle putzen, den Tisch decken, der Mutti kleine Besorgungen abnehmen ... Denkt mal darüber nach! Ich meine, wenn ihr solche Sachen macht, freiwillig und gerne, dann seid ihr dankbare Kinder.«

»Oh, ich weiß was!«

Barbara sprang im Eifer auf, und um ein Haar wäre der Kakao übergeschwappt. »Ich weiß was, Christian! Aber das sagen wir niemand, das ist unser Geheimnis.«

Ich wollte mich nicht in das Geheimnis der Kinder drängen; aber bei Barbaras sprunghaftem Wesen und ihren manchmal recht kühnen Ideen war mir etwas unbehaglich zumute.

Ein paar Tage später erzählte mir meine Tochter: »Denk dir, Mutter, was sich die Kinder ausgedacht hatten! Hans kam mittags nach Hause und wollte sich vor dem Essen im Bad die Hände waschen. Plötzlich schrie er laut: ›Erika, komm schnell! Sieh dir das an!‹

›Was soll denn sein?‹ rief ich aus der Küche zurück. ›Ich schmecke gerade das Essen ab!‹

›Bitte, komm!‹ Ich ließ alles liegen und stehen und sah: völlig verschmierte Fenster, klebrige

Waschbecken, einen weißgestreiften Fußboden, auf dem man kaum zu gehen wagte, alle Armaturen glanzlos und mit Scheuerpulver bedeckt ...

›Das ist doch unmöglich! So eine Putzmittelverschwendung und dann dieser Mißerfolg!‹ rügte Hans. An meinem ratlosen Gesicht sah er, daß ich von nichts etwas wußte.

›Du hast also nicht geputzt, Frau Menge kommt zur Zeit nicht, wer in aller Welt hat sich denn hier ausgetobt?‹

›Das können nur die Kinder gewesen sein‹, sagte ich.

In diesem Augenblick klingelte es. Christian und Barbara kamen aus der Schule. ›Na, die können was erleben!‹ rief Hans und öffnete die Tür. Du weißt ja, Mutter, wenn er ärgerlich ist, läßt er sich nicht mehr bremsen. Die Kinder wurden so zurechtgewiesen, daß sie zuletzt beide weinend dastanden, und Barbara stieß unter Schluchzen hervor: ›Wir wollten euch doch bloß dankbar sein!‹

›Dankbar?‹ Hans und ich schauten einander fassungslos an. Und stückweise und nach und nach erfuhren wir dann schließlich von dem Gespräch, das Barbara und Christian mit dir, liebe Mutter, geführt hatten.«

»Gesprächsthema: Dankbar sein«, bestätigte ich. Und ich konnte mir gut vorstellen, wie alles zugegangen war: die Kinder hatten überhaupt keine Ahnung gehabt, wie man mit Putzmitteln umgeht. Und als das Zeug nicht mehr abging, die Spiegel und Becken und Armaturen nicht von selbst blank wurden, schütteten sie immer noch mehr Scheuerpulver darauf, noch mehr und noch mehr ...

»Jedenfalls hast du dankbare Kinder«, sagte ich zu meiner Tochter Erika.

»Und du hast dankbare Enkel, liebe Mutter!«

Das Beste, was wir auf Erden tun können, ist: Gutes tun, fröhlich sein und die Spatzen pfeifen lassen.

Don Bosco

Die Strickjacke

Wenn ich arbeite, habe ich es gern warm. Warme Schuhe, warme Strümpfe und natürlich eine warme Strickjacke. Handgestrickt muß sie sein, da hält sich die Luft besser darin, und man fühlt sich in ihr wie in Daunen.

Nun, durch meine alte Strickjacke blies der Wind. Vor neun Jahren, zu Weihnachten, hatte sie mir meine Frau gestrickt, aus weißer Schafwolle, von unseren eigenen Bergschafen. Aber nichts hält ewig, und eine Strickjacke, wenn man sie täglich trägt, sieht nach neun Jahren aus wie ein Sieb. Als ich nun abermals Weihnachten herannahen fühlte und die Meinen – zwei Töchter und eine Frau – in ihren modischen, selbstgestrickten Jacken um mich herumsitzen sah, wagte ich es, mich an meine Frau zu wenden, und nach einer um ihre Gunst buhlenden Einleitung, in der ich ihre und ihrer Töchter Strickkunst pries, sagte ich zu ihr:

»Ich hätte gern zu Weihnachten eine Strickjacke.«

»Ein schlechter Wunsch, Johannes.«

»Wieso ein schlechter Wunsch?«

»Weil er sich nicht erfüllen läßt und es beim Wünschen bleibt. Wer, glaubst du wohl, fände die Zeit dazu?«

»Ich dachte an dich, Liebste.«

Meine Frau sah mich an wie eine gekränkte Königin.

»Wer zwei Töchtern das Stricken beigebracht hat, strickt selbst nicht mehr allzugern. Wer zwei Töchter und einen verwöhnten Mann und den ganzen Haushalt zu versorgen hat, freut sich auf den Feierabend. Er hat ihn sich verdient. Und wenn ich schon zu den Nadeln greife, erschräke ich vor dem gewaltigen Umfang deines Leibes und sähe mir kein Ende für meine Arbeit. Ich möchte dann lieber für mich selbst eine Weste stricken, nach der heutigen Mode, die uns Frauen so gut kleidet. Denn du bist ein ungalanter Gatte und gehst an den Türen der Geschäfte schnell vorüber, deren modische Auslagen mich zu begeisterten Ausrufen verlocken. Meine diesbezüglichen Bitten tue ich seit Jahren vergeblich, denn du hörst nicht auf dem Ohr, das du mir zugewandt trägst. Meine Entzückungsschreie, die dich aufwecken sollten, damit du hineingehst und mir ein neues Kleidungsstück kaufst, verwehen im Winde. Wenn ich also zur Stricknadel griffe, so nur, um deine Augen zu erfreuen, daß du endlich nach Jahren wieder einmal ein neues Kleidungsstück an mir siehst, ein Anblick, der jedes guten Gatten Herz höher schlagen läßt ...«

Die Rede meiner Frau ging noch eine Weile weiter, genauer gesagt: den ganzen Abend bis zum Schlafengehen. Ich erkannte, daß ich von dieser Seite keine neue Strickjacke zu erwarten hätte. Ich wandte mich darum am nächsten Tag an meine große Tochter, die sich selbst drei Jacken gestrickt hatte, und sagte zu ihr:

»Ich hätte gern zu Weihnachten eine handgestrickte Jacke, Josefine!«

»Ich soll sie stricken?«

»Es wäre zauberhaft ...«

Meine große Tochter sah mich traurig an.

»O Väterchen«, sagte sie, »wie gern möchte ich dir deinen Wunsch erfüllen. Aber sieh, ich bin berufstätig, ich sitze den ganzen Tag im Vorzimmer der großen Redaktion, ich habe dort das Telefon zu bedienen, die Korrespondenz zu erledigen, Besucher zu empfangen und mit einer Ausrede wegzuschicken, jeden zweiten Tag habe ich Nachtdienst ... Wenn ich heimkomme, bin ich hundemüde, und die Augen fallen mir von selbst zu ... Bestehst du wirklich auf deinem Wunsch?«

Ich sah es ein und ging zu meiner zweiten Tochter ...

Christine, meine zweite Tochter, befand sich zur Stunde gerade im Zustand der Verliebtheit. Sie hatte vor vier Wochen ihre Tanzstunde hinter sich gebracht, und etwas war hängen geblieben: ein reizender junger Mann, der sich Oswald nannte. Ich fand plötzlich seinen Namen in alle Bäume unseres Gartens geschnitzt, in die Bank vorm Haus, in das Nußbaumholz ihrer Bettstatt. Dabei schnitzt sich Oswald nicht einmal gut; aber Christine hatte mein Okuliermesser für die Rosen gefunden und es ihren Zwecken bedenkenlos zugeführt.

»Christine«, sagte ich, »in vier Wochen ist Weihnachten.«

»Ich weiß, Papa. Herr Hebenstreit hat davon auch schon gesprochen. Findest du das nicht komisch?«

Ich fand es gar nicht komisch. Herr Hebenstreit ist Oswald, und Oswald ist Herr Hebenstreit.

»Ich habe einen Weihnachtswunsch. Ich wünsche mir von dir eine Strickjacke.«

Christine schluckte zweimal, ehe sie antwortete: »Papa, wie gern! Aber bedenke, ich stehe vor dem Abitur. Es hapert bei mir in Mathematik. Ich habe enorm viel zu lernen. Ich sitze oft bis in die Nacht über meinen Büchern – und – und ...«

Da kam noch etwas. Ich ahnte es. Wenn die Töchter verliebt sind, kommt immer noch etwas.

»Und Herr Hebenstreit«, ergänzte ich väterlich.

Christine, meine Jüngste, errötete bis zu den Haarwurzeln.

»Herr Hebenstreit hat sich doch auch von mir zu Weihnachten eine selbstgestrickte Jacke gewünscht, die Wolle hat er mir schon gebracht! Papa, ich bin so unglücklich, daß du zurückstehen mußt!«

Da gab ich es auf und ging zu einer alten Strickerin im Schatten der Kirche, mir eine Jacke bei ihr zu bestellen. Es ist nicht das gleiche. Bei den von der Frau oder den Töchtern gestrickten Jacken bildet man sich immer ein, es sei ein wenig Liebe mit hineingestrickt, ein paar Gedanken an den Vater und manchmal ein wenig Dankbarkeit. Wir Männer, wenn wir das Alter haben, sind dumm und reden uns gern das Gute ein. In Wirklichkeit, so schloß ich, finden sie ja nicht einmal Zeit, mir eine Jacke zu stricken ...

Ich kleinmütiger Mensch! Am Weihnachtsabend, als so viele Kerzen am Christbaum brannten, daß ich sie nicht nachzuzählen vermochte, lagen auf meinem Tisch drei selbstgestrickte Jakken. Eine weiße, eine schwarze, eine graue. Eine von meiner Frau, eine von meiner Tochter Josefine und eine von meiner Tochter Christine. Sie hatten sie nach ihrer Arbeit nachts heimlich für mich gestrickt, jede in ihrem Zimmer, während sie glaubten, die anderen schliefen. Und in jeder Jacke, wenn ich sie anziehe, fühle ich die Wärme ihrer Liebe.

Herr Hebenstreit kam zum Nachmittagskaffee. Er trug neue wollene Strickhandschuhe.

»Von Ihrer Tochter«, sagte er stolz zu mir.

»Hatten Sie sich nicht eigentlich eine Strickjacke gewünscht?« fragte ich mit väterlicher Anzüglichkeit.

Er wurde gar nicht verlegen.

»Zum nächsten Weihnachtsfest«, sagte er, seiner Sache sicher, und lächelte dabei nicht ohne Bedeutung, »diesmal mußte ich zurückstehen ...«

*Das Leben ist kurz,
und wir haben nie genug Zeit,
die Herzen unserer Weggenossen
zu erfreuen.
Drum säume nicht,
Liebe zu spenden!
Eile dich,
deinen Mitmenschen
Freundlichkeiten zu erweisen.*

Henri Frédéric Amiel

LORE DIPPON

Ein Denkmal für Stine

Wenn sie mir jetzt über die Schulter sehen und mitlesen könnte, was ich eben geschrieben habe, würde unsre gute Stine die Hände ringen und sagen: »Aber das geht doch nicht! Ein Denkmal, das ist etwas für den Schiller – oder für den Kaiser, oder für den König Wilhelm in Stuttgart! Doch nicht für mich!« Man sieht daraus, daß meine Geschichte in der Vergangenheit beginnt, in einer Zeit, als es noch Kaiser und Könige gab, in einer Zeit, die wohl nicht besser oder schlechter war als die unsrige – nur anders. Und gerade deshalb will ich ein Denkmal errichten für Stine, für einen Menschen, dessen besondere Eigenschaft die Treue war. Mein Denkmal wird nicht sehr glänzend aussehen; es hat nichts mit poliertem Marmor gemeinsam – das würde auch gar nicht zu Stine passen –, mein Denkmal besteht aus schlichten Worten und Sätzen, aus meinen Erinnerungen an Stine.

Sonntagvormittag in einem kleinen Dorf im Königreich Württemberg. Auf dem weißgetünchten Kirchturm läuteten die Glocken, und die Männer und Frauen folgten, wie es Brauch war, ihrer Einladung. Der alte Dorfschullehrer saß, ebenfalls wie es Brauch war, wartend auf seiner Orgelbank. Er konnte die Kirchgänger beobachten. Er kannte sie alle. So vielen von ihnen hatte er ja das Zählen und Rechnen, das Lesen und Schreiben beigebracht ...

Plötzlich wurde er aufmerksam. Da war sie wieder, die junge Christine mit den flinken Schritten und den klaren, zuverlässigen Augen. Sein kranker Freund im Nachbarort fiel ihm ein und seine Frau, die so viele Sorgen hatte mit ihrem Patienten und so viel Arbeit mit dem kleinen Kind und dem großen Pfarrhaus. Wenn nun dieses Mädchen Christine ...

Der Schulmeister mußte seine Gedanken unterbrechen. Der Mesner hatte die Türen geschlossen, der Orgeltreter begann Wind zu machen, die Glocken waren verstummt. Er mußte mit dem Vorspiel beginnen.

Wenige Tage später erhielt er jedoch einen Brief. Eben jene junge Frau aus dem Nachbarort bat ihn, er möge doch Umschau halten nach einer geeigneten Gehilfin, nach einem freundlichen jungen Mädchen, das ihr im Haushalt und im Garten zur Hand gehen wolle. Er kenne doch alle Mädchen im Dorf.

Nun, da fiel dem Schulmeister wieder der Sonntagvormittag ein und das Mädchen Christine. Hatte er nicht selbst auf seiner Orgelbank gedacht: Wenn doch diese Christine ... War das eine Eingebung gewesen, eine Weisung Gottes, der man sich nicht entziehen darf?

Der alte Schullehrer entzog sich nicht. Und das junge Mädchen entzog sich auch nicht. Obwohl die Angehörigen »wohlmeinend« warnten: »Was willst du in einem Pfarrhaus, Christine? Da darfst du kaum mehr lachen! Und mit dem Tanzen ist es dann auch aus!« – »Woher ihr das bloß alles wissen wollt«, staunte Christine. Und auch des Vaters letztes Wort ließ sie nicht recht gelten: »Wenn es dir gar nicht gefällt, kommst du eben wieder heim!«

Christine fühlte sich aber wohl. Und als die Frau Pfarrer – wie man damals sagte – etwas sorgenvoll bemerkte: »Oh, Christine, was hast du für zarte Hände!«, da antwortete die Zwanzigjährige zuversichtlich: »Das macht nichts. Zupacken können die auch!« Und sie hat recht behalten.

Schon nach kurzer Zeit merkte man im Pfarrhaus, was für eine Perle man mit Christine – sie wurde übrigens nur Stine genannt – geschenkt bekommen hatte. Sie stand als erste am Morgen auf und ging als letzte schlafen. Sie duldete kein Stäubchen auf den Möbeln und kein Unkraut im Garten, und wenn Waschtag war, stand sie schon um vier Uhr morgens in der Waschküche. Das alles ging aber so still und leise vor sich, daß »ihre Frau Pfarrer« es gar nicht hören konnte, wenn der Waschkessel geheizt und das Wasser in die Bütten eingelassen wurde. Stine liebte selbständiges

Arbeiten. Vor allem aber liebte sie es, andern Arbeit abzunehmen. Ganz besonders »ihrer Frau Pfarrer«.

Die junge Frau mußte ihren kranken Mann sehr oft auf seinen Amtsgängen begleiten. Wo wäre das zweijährige Töchterchen besser aufgehoben gewesen als bei Stine! Und als dann noch ein Kind kam, ein kleiner Junge, da war es ganz selbstverständlich, daß Stine auch diesem Kind jede freie Minute schenkte. Den Kleinen auf dem rechten, den Henkelkorb am linken Arm, so wan-

derte sie oft zum Einkaufen in den »Kolonialwarenladen«. Ob ihr das alles nicht zu schwer wurde? Eines Tages sagte sie zu »ihrer Frau Pfarrer«: »Wenn Sie mich nicht fortschicken, werde ich Sie niemals verlassen.« Stine hielt Wort. Als »ihr Herr Pfarrer« in eine andere Gemeinde versetzt wurde, kam sie mit. Doch es gefiel ihr gar nicht in der neuen Umgebung. Das Haus war alt und unschön, und man konnte ihr nur eine gegipste Kammer anbieten. Auch das Dorf war nicht nach ihrem Geschmack. Wochenlang blieb ihr Holzkoffer unausgepackt. Aber »ihre Familie, ihre Kinder« verlassen, das konnte sie auch nicht. Ihre Treue war größer als ihr ganz persönliches Unbehagen. Und eines Tages packte sie ihren Koffer aus.

In diese Zeit fiel der erste Weltkrieg. Er weitete Stines Aufgabenkreis aus. Ihre Arbeit in »ihrer Familie« tat sie so zuverlässig wie immer. Außerdem aber half sie kinderreichen und älteren Soldatenfrauen beim Bestellen der Felder oder beim Einbringen der Ernte. Blasse, dünne, hungrige Feriengäste aus der Stadt, die sich im Landpfarrhaus sattessen durften, umsorgte und betreute sie mit besonderer Hingabe. Tagelang konnte sie sich darüber freuen, daß der Erich oder die Julie ein paar Pfund zugenommen hatten!

Gemeindepfarrer gleichen ein wenig dem »fahrenden Volk«. Immer wieder müssen sie wandern, von Ort zu Ort, von Gemeinde zu Gemeinde. Sie können es sich nicht leisten, irgendwo richtig zu verwurzeln. Als nun wieder ein Umzug nötig wurde, war es selbstverständlich, daß Stine mitkam in das große Schwarzwalddorf vor den Toren der Goldstadt. Dort gefiel es ihr. Die Straßen waren gepflegt, ebenso die Häuser; das Pfarrhaus war nicht mehr so riesig groß, und der Garten war zu übersehen. Wer aber nicht zu übersehen war, das war Stine selbst. Manchen Verehrer hatte sie schon früher abblitzen lassen, doch nun tauchte ein sehr hartnäckiger Freier auf. Er wurde zum Alptraum der Familie. War nicht die ganze Familie zum völligen Untergang verurteilt, wenn Stine ... Es war nicht auszudenken! Doch Stine wußte zu beruhigen. Lachend erklärte sie: »Solange keiner kommt, der ganz genauso ist wie der Herr Pfarrer, können Sie alle sorglos schlafen!«

Überhaupt hatte Stine gar keine Zeit zum Heiraten. Die beiden heranwachsenden Kinder brauchten sie. Denn da die Eltern dieser Kinder vor allem für die Gemeinde da waren, mußte sie, Stine, für die Kinder da sein. Das sollte eigentlich jedermann begreifen. Auch jeder Mann. Auch der hartnäckige Verehrer. Und schließlich begriff er es, und damit war die ganze Familie gerettet ...

Jahre, viele Jahre vergingen. Sie gingen an niemandem spurlos vorüber, auch nicht an Stine. Doch als die Tochter des Hauses daran dachte, sich zu verloben, da wurde Stine wieder richtig jung. Noch mehr – sie wurde zur Beschützerin des jungen Glücks. Wenn etwa der heimliche Verlobte mit seiner heimlichen Verlobten eine Maientour machen wollte, wanderte sie, der Leute wegen, als Begleiterin mit. Übrigens war der heimliche Verlobte der Patensohn jenes alten Dorfschullehrers, durch den Stine in die Familie gekommen war. Ein junges Mädchen und ein junger Mann konnten damals kaum einmal abends ungestört miteinander sprechen. Es schickte sich nicht. Stine aber rettete auch solche Situationen. Sie blieb in ihrer Küche so lange sitzen und las Gesangbuchlieder, bis unten an der Haustür das letzte Wort gewechselt war ... Der Hausherr überraschte sie einmal dabei. Später meinte er dann: »Unsre Stine ist doch ein frommer Mensch. Mitternacht ist schon vorbei, und sie liest immer noch im Gesangbuch!« Nie hat er den wahren Grund erfahren.

Stines ganze Treue aber erwies sich, als »ihr Pfarrer«, der ja schon immer leidend war, an einer Herzlähmung starb. Was hätte die Witwe ohne Stine anfangen sollen? Sie war der Mensch, zu dem man in seiner Trauer flüchten konnte. Stine konnte trösten. Als sie jedoch nach wenigen Wochen sah, daß das Geld im Hause knapp wurde, daß es nicht einmal mehr für ihren Lohn reichte, daß sie – im wahrsten Sinne des Wortes – unbezahlbar war, und daß man sie wahrscheinlich entlassen mußte, da wußte Stine wieder Rat.

Eines war für sie klar: »ihre Frau Pfarrer« würde sie nie verlassen. Und darum bewarb sie sich um den gerade frei gewordenen Posten einer Helferin im Kindergarten. Dort bekam sie so viel Gehalt, daß sie – nur gegen Essen und Wohnen – nach dem Dienst im Kindergarten »ihre liebe Frau« weiterhin umsorgen konnte. Was Stine damals geleistet hat, das hat nie jemand von ihr erfahren; nur die Tochter hat es in späteren Jahren immer mehr begriffen.

Als nach dem Studium des Sohnes die finanziellen Schwierigkeiten überwunden waren, paßte der Posten »Hausgehilfin« wieder in den Haushaltsplan. Stine gab ihre Arbeit im Kindergarten auf, zog mit der Witwe an einen neuen Wohnort und war für die nun alt und leidend Gewordene unentbehrlich.

Ein Höhepunkt in Stines Leben war die erste Auszahlung ihrer Rente. Hochbefriedigt kam sie mit ihrem Geld, mit zwei Paar Bratwürsten und einigen Brötchen heim. Davon wurde ein Festmahl bereitet, und die beiden Alten nahmen es am »hellen Nachmittag« in ihrem Schlafzimmer ein, um von niemand, der etwa kommen könnte, dabei überrascht zu werden ... Bald darauf war ein weiteres Fest fällig: Stine erhielt nach fünfzigjähriger Dienstzeit in ein und derselben Familie das Bundesverdienstkreuz überreicht.

Die folgenden beiden Jahre waren ein einziger Opfergang für Stine. Sie mußte einsehen, daß der

Krebs, den »ihre« nun 78jährige liebe Frau noch bekam, zum Tod führen werde. Was sie der Kranken zur Erleichterung getan hat, gern getan hat, das haben nur die Allernächsten gesehen und erkannt. Daß »ihre liebe Frau« von dieser Welt abgerufen wurde, während sie selbst im Bett dicht daneben schlief, das hat sie noch jahrelang bewegt. »Vielleicht hätte sie mich noch gebraucht«, überlegte sie immer wieder, »und ich habe geschlafen ...«

Jahrelang lebte sie dann noch im Haus der Tochter und war auch dort der Mittelpunkt der Familie. Nach der Arbeit am Vormittag – und sie werkte trotz ihres Alters tüchtig mit in dem modernen Haus mit den schönen Räumen – saß sie in ihrem Stübchen, das ganz mit den Möbeln, Bildern und sonstigen Kleinigkeiten »ihrer« lieben verstorbenen Frau ausgestattet war. Dort ruhte sie aus, in ihre Erinnerungen und das Einst versunken. Wenn aber eine helle Kinderstimme nach ihr rief, dann verließ sie sofort ihren bequemen Sessel und kam mit ihren immer noch leichten und flinken Schritten die Treppe herab, um die Kleinen, die Urenkel »ihrer Frau Pfarrer« zu begrüßen und noch ein wenig zu umsorgen.

Kurz nach ihrem achtzigsten Geburtstag ging Stines Leben zu Ende. Sie ruht auf dem Friedhof ihres Heimatdorfes. Eine ihrer Bekannten sagte nach der Trauerfeier: »Das hat man ja gar nicht gewußt, wer und wie die Christine eigentlich war.« Ja, das konnte man auch nicht wissen, weil Stine ein Mensch war, der grenzenlos bescheiden war. Ihr Leben lang hat sie nur gedient. Doch gerade durch diese Hingabe, diese Demut, diese Treue steht sie so groß vor denen, die mit ihr zusammengelebt haben. Und darum habe ich nun auch meine Erinnerungen an diese Frau aufgeschrieben als ein kleines Zeichen meiner Dankbarkeit, Verehrung und Liebe, als ein Denkmal für Stine.

Dankbarkeit ist eine Tugend, die ausgesprochen sein will.

Oskar Hammelbek

Dankbarkeit und Herzlichkeit

Dankbarkeit ist das Echo des Gutseins, des Wohlwollens, der Güte und Hilfsbereitschaft, der Liebe. Danken ist Kommunikation mit einem anderen, stille oder laute Übereinkunft mit einem Wesen, mit einem Ereignis, mit Offenbarungen der Schöpfung, mit Werken der Kunst und des Geistes, mit Überraschungen der Zuneigung und Liebe.

Nichts braucht unsere große Welt – und auch die kleine Welt im engen Horizont unserer Augen – mehr als Herzlichkeit. Uns bestimmen klarer Fortschritt der Technik, genau berechnete Fakten der Wirtschaft, Computer mit ihren Zahlenreihen, harte Bilanzen mit dem, was unter dem Strich bleibt. Uns schrecken Waffen und Terror, Gemeinheit und Folter in allen Schattierungen. Heilung könnte nur von mehr Menschlichkeit kommen, von etwas mehr Herzlichkeit.

Im Dank wird diese Herzlichkeit spürbar, die das Geheimnis des Lebens, unseres einmaligen Lebens immer wieder ahnen läßt. Im Dank wird diese Herzlichkeit vertieft und vermehrt. Ja, die Dankbarkeit ist eigentlich die schönste Form der

Herzlichkeit. In ihr laufen die Kräfte des Herzens zusammen und feiern ein Fest der Freude. Ohne dankbare Herzlichkeit stirbt unsere Welt den Kältetod, gibt es kein Miteinander mehr. Dankbarkeit ist der Weg der Menschwerdung in die Zukunft.

Dankbarkeit ist schlicht und einfach das Gedächtnis des Herzens. Hier wird nichts vergessen, was einem an kleinen und großen Dingen geschenkt wurde. Hier wird das gespeichert, was wir als Wohltaten empfangen haben, jede gute Tat und jede selige Stunde ist hier aufbewahrt.

Die Dankbarkeit darf jederzeit den Reichtum des Herzens verschenken, so viel Freiheit gibt es nirgends. Das Danken darf die gefüllten Scheunen des Herzens im Übermaß verschwenden. Oft aber hat unser Herz ein kurzes Gedächtnis. Die Dankbarkeit hat es schwer. Wir stellen sie weit in die Schatten der Tage und lassen sie verkümmern. Damit welken auch unsere menschlichen Beziehungen.

In unserer immer sachlicher werdenden Welt droht das Danken auszusterben. Wir sehen freundliche Dienstleistungen der anderen, Aufmerksamkeiten eines lieben Mitmenschen, angenehme Gaben des technischen Fortschritts und die ungeheuren Angebote des modernen Lebens als Selbstverständlichkeit an. Wir zahlen ja, und was man mit Geld begleichen kann, steht außerhalb des Dankens. Es mag Bequemlichkeit, Gedankenlosigkeit und Vergeßlichkeit mitschwingen, doch macht auf die Dauer eine solche innere Haltung das Wesen eines Menschen krank. Die Gesundheit der Seele ist angeschlagen. Nur wer sich wirklich freuen und danken kann, ist seelisch gesund. Dankbarkeit ist eine wundersame Medizin für Leib und Seele. Das gilt für den, der Dank sagt, wie für den, der Dank erfährt.

In Wirklichkeit gibt es nur eine einzige Arznei gegen die Traurigkeit: den Dank.

Ida Friederike Görres

Jo Hanns Rösler

»Und wo ist die Mütze?«

Ich ging an einem Weiher spazieren. Wenige Leute waren unterwegs. Es war in den frühen Morgenstunden, Sonntag, wo die einen ausschlafen und die anderen sich für den Kirchgang vorbereiten. Ich nahm auf einer Bank am Wasser Platz, in meine warme Jacke gehüllt. Noch war es so früh, daß die Vögel sangen und die Sonne durch den dünnen Morgennebel, der über dem Weiher lag, sich ihren Platz erkämpfte.

Ich dachte wieder einmal über die Menschen nach und über meinen Beruf, den ich verfehlt hatte. Viel lieber wäre ich statt meiner jetzigen Arbeit, die im hohen Alter ihren Sinn zu verlieren beginnt, wenn man auf der dritten Stufe der Erfolgsleiter stehengeblieben ist, Gärtner geworden. Ein Mann, der früh mit dem Spaten in seinen Garten geht und erst in der Dämmerung des Tages ins Haus zurückkehrt. Ich könnte heute Herr über 65000 Rosenstöcke sein ... Ich könnte – nach meinen Jahren gerechnet – heute unter den breitausladenden Bäumen sitzen, die ich selbst in meiner Jugend gepflanzt hatte, die mir gehörende Wiese am Rande der Stadt in einen Park verwandeln, mit Fliederhecken und Jasmingehölzen, in denen die Drosseln brüten. Den Zaun ringsum hätte ich längst niedergerissen, damit sich die Jugend auf meinem grünen Rasen tummelt, damit die Kinder im Herbst mit den braunen Kastanien spielen, die Verliebten unter dem Ahorn sitzen, deren Blätter im Herbst jedes Jahr erröten ... Ein Gärtner hätte ich werden sollen, der nur einen winzigen Teil dazu tun muß, um am Ende seines Lebens von Erfolg gekrönt zu sein, ein Gärtner, der mit Sonnenstrahlen und Regentropfen, Schneeflocken und wehenden Wolken, Regenwürmern und Marienkäfern befreundet ist ...

Plötzlich hörte ich sechzig Meter rechts von mir das aufgeregte Klingeln eines Radfahrers, einen Aufschlag, ein gewaltiges Plätschern und gleichzeitig den Aufschrei einer kindlichen Stimme, die aus dem Wasser kam. Ich besann mich keinen Augenblick, eilte zu der Stelle, aus der die Hilferufe kamen, und sah einen Knaben im Wasser kämpfen, kurz vor dem Wehr, wo der Weiher gestaut war. Ich streifte meine Jacke ab und sprang, so wie ich war, zu dem Jungen hinunter, der mit dem Sog kämpfte, und es gelang mir, ihn herauszuziehen. Wie lange das alles dauerte, ehe ich diesen, des Schwimmens unkundigen Jungen ans Ufer gebracht hatte, der bereits eine Menge Wasser geschluckt hatte, vermag ich rückblickend nicht mehr festzustellen. Ich fand sogar sein Rad, das von dem schmalen Wehrpfad, auf dem der Junge offenbar seine Kunststücke versucht hatte, ins Wasser abgeglitten war und zog es heraus. Meine Kleider waren so triefend naß wie die des Jungen, der sich rasch erholte. Ich steckte ihn in meine trockene Jacke, die an der Innenseite meine Adresse enthielt und bat ihn, sie mir am nächsten Tag wiederzubringen. Dann schickte ich ihn heim, glücklich, einem neunjährigen Jungen, der – wie er mir gestand – wegen seines schwachen Herzens nicht das Schwimmen gelernt hatte, das Leben gerettet zu haben.

Am nächsten Tag läutete bei mir das Telefon. Ich lag mit ein wenig Fieber, in Decken gehüllt, im Bett. Das unfreiwillige Bad des Vortages und meine nassen Kleider waren nicht ganz ohne Folgen geblieben. Als das Telefon schließlich zum dritten Mal läutete, meldete ich mich mit meiner Nummer.

Eine herausfordernde Stimme, eine Männerstimme, fragte:

»Sind Sie der Mann, dem die Jacke gehört?«

»Ja«, sagte ich. »Mit wem spreche ich?«

»Haben Sie am Stadtweiher einen Jungen gestern aus dem Wasser gezogen, einen Jungen und ein Fahrrad – stimmt das?«

»Ja«, sagte ich. »Ich kam glücklicherweise gerade im richtigen Augenblick. Sind Sie der Vater? Wie geht es dem Jungen?«

»Vollauf in Ordnung«, sagte der Vater. »Auch das Rad ist wieder geputzt. Stunden habe ich dazu gebraucht ...«

»Es sah schlimm aus.«

Ich hörte eine Weile nichts. Dann kam die Stimme des Vaters wieder, und jetzt hatte sie einen harten Klang:

»Der Junge hatte, ehe er ins Wasser fiel, eine Mütze auf – und wo ist die Mütze?«

»Und wo ist die Mütze?« ist bei mir seitdem zur ständigen Redensart geworden. Wenn man nämlich im Leben genau hinhört, fragen ziemlich viele Menschen, denen man einmal etwas Gutes getan hat: »Und wo ist die Mütze?«

Wir sehen immer sehr deutlich und groß, was uns fehlt und mangelt, aber was uns täglich geschenkt wird, das sehen und achten wir gar nicht und gehen daran vorbei. »Es ist ein selten Blümlein, doch stillt es vieles Leid, das Blümlein Dankbarkeit . . .«

Friedrich Laubscher

EVA HÖNICK

Eine Mutter und drei Söhne

Rita Mellius kannte sie nur vom Sehen, die zierliche Frau Herder. Freundlich war sie, liebenswürdig, bei allen Hausbewohnern wohlgelitten. Ihre beinahe achtzig Jahre sah man ihr überhaupt nicht an.

Aber sie war immer allein in ihrer Wohnung. Nie hatte sie Besuch. So entschloß sich Rita, ihr ab und zu Gesellschaft zu leisten. Sie brachte ihr stets eine kleine Aufmerksamkeit mit, und dann plauderten die beiden und tranken auch einmal eine Tasse Kaffee miteinander.

Frau Herders Hauptthema waren ihre drei Söhne. Sie zeigte Fotos von ihnen – gutaussehende Männer. Ihre Briefe und Karten hatte sie sorgfältig gebündelt. Es waren nicht viele. Auch ein Kästchen öffnete sie, in dem winzige Kinderschuhe aufbewahrt waren.

»Die sind noch von meinem Paulchen«, sagte sie und streichelte darüber hin.

»Aber Ihr Paulchen lebt doch und ist gesund?» fragte Rita.

»Ja. Doch. Natürlich. Dem geht es gut. Er ist Arzt geworden und lebt in Hamburg. Aber wissen

Sie, Frau Mellius, der hat so viele Probleme im Kopf. Er hat neue Methoden in der Medizin erforscht und gefunden.«

»Aber das ist doch fabelhaft! Hat er Ihnen das alles geschrieben?«

»Nein, nein. Das habe ich in der Zeitung gelesen. Ich habe ihm auch gratuliert.«

»Und Ihr zweiter Sohn?«

»Wolfgang, ja, der hat ein gutgehendes Modegeschäft in München. Er ist fast immer auf Reisen, geschäftlich und privat. Wo der schon überall war!«

Sie kramte ein paar bunte Postkarten hervor. Aus Spanien, Griechenland, Island, dem Fernen Osten. Immer nur kurze Grüße. Und die Daten lagen weit zurück, wie Rita erkennen konnte.

»Mein Jüngster, Hans-Joachim, ist Leiter einer Werbeagentur in Köln. Der hat mich als letzter besucht. Er hat einen Autounfall gehabt, ganz in unserer Nähe. Es ist ihm nichts passiert, nur das Auto war kaputt. Da hat er mich besucht, weil es ganz in der Nähe war.«

»Und wann war das?« fragte Rita.

»Ja, das ist nun auch schon – warten Sie mal, drei Jahre wird es her sein. Oder vier«, sagte sie ein wenig kleinlaut und traurig.

Sie spürte wohl, was ihre Besucherin dachte und fügte hinzu: »Denken Sie bitte nicht schlecht von meinen Söhnen, Frau Mellius.« Wehmütig betrachtete sie die Briefe und bekam feuchte

Augen. »Paulchen, Wolfgang und Hans-Joachim sind gute Jungen, aber sie haben ihre eigenen Probleme und Sorgen – und nie Zeit. Sie müssen ihr eigenes Leben bewältigen. Arbeit und Familie nehmen sie so in Anspruch. Und ich will mich nicht aufdrängen.«

»Aber an Ihren achtzigsten Geburtstag werden sie doch denken – oder?«

»Nein, Geburtstage sind ihnen nie wichtig gewesen, und meinen haben sie sicher längst vergessen ...«

Rita tat die kleine Frau leid, und sie überlegte, wie sie ihr ein wenig helfen könnte.

Ihr Blick fiel auf die dünnen Briefpäckchen, und sie prägte sich die Namen und Adressen der Absender ein.

Später schrieb Rita allen dreien denselben Brief: dem Arzt, dem Geschäftsmann, dem Werbeleiter. Sie erzählte, daß sie ihre Mutter kennengelernt habe – eine großartige Frau. Sie habe viel von ihren drei Söhnen gesprochen, aber sie sei sehr allein, sehr einsam.

Nach einigem Zögern fügte sie hinzu: »Strebsam sein und ein berufliches Ziel vor Augen zu haben, ist *eine* Sache, eine fabelhafte Mutter zu haben, eine andere. Eine Mutter, die Sie so liebt. Ich möchte Sie deshalb an den achtzigsten Geburtstag Ihrer Mutter erinnern und Sie bitten: Kommen Sie, besuchen Sie Ihre Mutter, lassen

Sie sie nicht allein ... Und glauben Sie mir bitte, daß ich Ihnen ohne Wissen Ihrer Mutter schreibe. Verraten Sie mich nicht ...«

Am Tag nach dem achtzigsten Geburtstag lief Rita Frau Herder über den Weg. Freudestrahlend berichtete die kleine Frau:

»Sehen Sie, Frau Mellius, meine Söhne sind nicht schlecht. Sie waren gestern alle drei bei mir, obwohl sie so wenig Zeit haben. Es war der schönste Tag meines Lebens. Und ich soll sie jetzt alle besuchen und möglichst lange bleiben. Gleich morgen fahre ich mit Paulchen nach Hamburg. Was sagen Sie dazu, Frau Mellius?«

»Gute Reise!« antwortete Rita vergnügt. »Und ich wünsche Ihnen viele, viele schöne Tage – in Hamburg, in München, in Köln!«

Die Güter sind eben verschiedenartig unter die Menschen verteilt. Man muß sich gegenseitig ein bißchen beistehen, dann geht es ganz gut.

Manfred Hausmann

Leben mit Vater

Zwei Wochen waren seit den Ferien vergangen. Da fand ein Klassenlehrer, daß es an der Zeit sei, seinen zehnjährigen Schülern ein Aufsatzthema zu nennen: »Leben mit Vater in den Ferien«.

Als er am nächsten Tag die Aufsätze daheim durchlas, legte er vier beiseite. Schulaufsätze von Jungen, die man getrost hintereinander lesen möge, denn jedes Jahr kommen neue Ferien, und das »Leben mit Vater« geht weiter ...

Mit Vater auf der Jagd

Während der Ferien nahm mich mein Vater mit auf die Jagd, schrieb ein Junge. Ich mußte jeden Morgen früh um vier aufstehen, was mir sehr unangenehm war, da ich früh sehr gern lange schlafe, was eigentlich das schönste Ferienvergnügen ist, und auf das ich mich sehr gefreut hatte. Aber jeden Morgen trat mein Vater an mein Bett, zog mir die Decke weg und rief mit aufgeregter Fröhlichkeit, die sonst gar nicht seine Art ist: »Horrido! Wir gehen in den Wald!«

Wir gingen ohne Frühstück, denn was ein richtiger Jägersmann ist, der frühstückt zuvor nicht daheim, wie mich mein Vater belehrte. Das war mir sehr unangenehm, denn ich hatte mich auf ein langes und gemütliches Frühstück während der Ferien gefreut, wo man einmal nicht in die Schule hetzen und immer auf die Uhr sehen muß.

Im Wald war es langweilig. Sprechen und singen durfte man nicht, denn das hätte das Wild verscheucht. Vom Wege abweichen und Beeren suchen durfte ich aus dem gleichen Grunde auch nicht. Vater schlich mit dem Gewehr vornweg, ich mußte hinter ihm gehen und genau auf ihn achtgeben. Blieb er stehen, mußte ich auch stehenbleiben. Einmal trat ich, während Vater aufgeregt durch sein Jagdglas schaute, auf einen dürren Ast. Vater wandte sich zornig um und versetzte mir eine Kopfnuß. Jetzt hätte ich ihm mit meiner Schusseligkeit einen kapitalen Bock vergrämt, schimpfte er.

Dann setzten wir uns auf eine taunasse Wiese hinter einen Baum. Ich mußte ganz still sitzen und durfte mich nicht bewegen. Es war sehr langweilig und dauerte meist zwei Stunden. Dann gingen wir wieder heim und Vater brummte ärgerlich, es hätte heute nicht geklappt, aber morgen würde es klappen.

Drei Wochen klappte es nie. Eines Morgens jedoch knallte es. Es war mein Vater, der einen

Schuß hatte fahren lassen. Ich war sehr erschrokken, denn ich war gerade eingeschlafen. Vater hatte einen Bock erlegt, ein Reh mit Hörnern. Er war schrecklich aufgeregt. Er stieß einen wilden Schrei aus, den er einen waidmännischen Juchzer nannte und befahl mir, nach einer Tanne im Wald zu suchen und ihm einen Bruch zu brechen, einen Tannenzweig, den ich in das Blut des toten Rehes tauchen mußte, um ihn dann an Vaters neuen Hut zu stecken.

Ich tat es, reichte ihm den Hut zurück und sagte: »Gratuliere, Vater!«

Er sah mich grimmig an und verbesserte mich: »Es heißt Waidmannsheil! Wiederhole es!« Ich tat es. Dann trugen wir das tote Tier, das mir sehr leid tat, nach Hause. Später haben wir dann nichts mehr geschossen, und Vater sagte, als wir heimfuhren: »Diesmal hast du großartige Ferien gehabt, mein Sohn! Mit Vater auf der Jagd! Danke es mir und sei fleißig in der Schule!«

Mit Vater auf See

Mein Vater machte mit mir während der Ferien eine Seereise, schrieb ein zweiter Junge. Er sagte, es wäre sehr teuer, aber er wolle mir etwas bieten. Wir fuhren mit dem Zug nach Hamburg. Unterwegs im Zug war mir mächtig übel. In Hamburg nahm mein Vater ein Taxi, und wir fuhren zum Hafen. Dann bestiegen wir ein großes

Schiff, wo es nicht gut roch. Mein Vater sagte, es wäre ein sehr teures Schiff, aber er wolle mir etwas bieten. Auf dem Schiff wurde mir sofort mächtig übel.

Wir fuhren durch den Kanal, um Frankreich und Spanien herum. Mir war die ganze Zeit übel. In Genua gingen wir an Land und aßen in einem echt italienischen Lokal echt italienische Küche. Mir wurde darauf sehr übel. Dann fuhren wir über den Brenner nach Hause. Auf der Heimfahrt war mir sehr übel. Mein Vater sagte, als wir daheim ankamen, er habe mir während der Ferien sehr viel geboten, und ich solle zum Dank fleißig in der Schule sein ...

Mit Vater im Auto

Mein Vater nahm mich während der Ferien auf eine große Autoreise mit, schrieb ein dritter Junge. Wir fuhren in zehn Tagen neuntausend Kilometer. Eine anstrengende Leistung für den Fahrer, wie mir mein Vater jeden Tag zweimal wiederholte. Ich durfte vorn neben Vater sitzen, die Straßenkarte halten und nach den Wegweisern schauen. Einmal verfuhren wir uns. Ich hatte die Schilder richtig gelesen, aber links statt rechts gesagt. Mein Vater war recht ärgerlich.

Wir fuhren über den Großglockner nach Triest und dann immer am Meer entlang, bis Sizilien hinunter. Ich hätte so gerne einmal im

Meer gebadet, aber Vater sagte, baden könnte ich daheim auch, und wir verlören viel zuviel Zeit.

Jeden Tag übernachteten wir in einer anderen Stadt. Da wir spät ankamen, hatten wir viel Ärger mit der Zimmersuche. Wir waren jeden Abend hundemüde, aber wir mußten noch Postkarten schreiben. Mutter sagte, wenn wir keine Postkarten schrieben, könnten wir auch daheim bleiben.

Am Morgen starteten wir sehr früh, da wir immer eine große Tagesstrecke vor uns hatten. Wir konnten daher auch nirgendwo halten und uns etwas ansehen. Vater sagte, das wäre nicht wichtig, Hauptsache, wir wären dagewesen. Unterwegs schlief ich ein paarmal vor Müdigkeit ein. Vater weckte mich jedesmal und schalt mich undankbar, denn er habe die Anstrengung auf sich genommen, damit ich die schöne Landschaft betrachten könne. Ich hielt mich mühsam eine Weile munter, dann schlief ich wieder ein. Vater gab es auf, mich zu wecken, und sagte, ich wäre noch nicht reif für große Reisen. Er hätte umsonst seine Zeit für mich geopfert, und ich möge ihm wenigstens dadurch danken, daß ich in der Schule fleißig sei ...

Mit Vater daheim

Der Sohn eines Briefträgers schrieb: Ich habe die schönsten Ferien meines Lebens gehabt. Wir sind daheim geblieben, weil wir kein Geld für eine

Reise hatten. Mein Vater hatte sich während meiner Ferien Urlaub genommen und war den ganzen Tag mit mir zusammen. Einen jungen Hund hat er mir auch geschenkt; wir waren

immer zu dritt. Vater war sehr fröhlich, wir waren fast jeden Tag baden und sonntags beim Fußball.

Als Vater wieder in den Dienst mußte, sagte er, dies wäre der schönste Urlaub seines Lebens gewesen, und den verdanke er mir …

Das Original

Etwas Besonderes, Einzigartiges, Einzelnes, Einmaliges – all dies kann ein Original sein: ein Kunstwerk oder eine Handschrift, eine Speerspitze aus der Steinzeit oder eine Münze der Römer, eine Geige aus Cremona, ein Webmuster, ein Kochrezept oder – ein Mensch. Ein solches Original habe ich als Junge gekannt. Dieser Mann wohnte am Rande der Stadt in einer Hütte. Jeden Tag zog er mit seinem Handkarren los und verdiente sich mit dem Verkauf von Bürsten und Schnürbändern, Kernseife und Wäscheklammern und ähnlichen Gegenständen des täglichen Bedarfs seinen Lebensunterhalt. Ein paarmal bin ich mit einigen Kindern aus unserer Straße in seiner Hütte gewesen.

Onkel Kruse, so nannten wir das Original, war ein großartiger Erzähler. Er hatte zwar eine grobe, rauhe Stimme, aber durch seine geschickte Formulierungsart verstand er es, ungemein spannend zu erzählen. Es ergab sich eigentlich alles ganz von selbst. Wenn wir auf der Straße spielten und er mit seinem Karren vorbeikam, blieb er oft stehen, schaute uns zu und unterhielt sich mit uns. Später dann, wenn wir ihn fragten: »Onkel Kruse, wann erzählst du uns wieder mal 'ne schöne Geschichte?«, geschah es, daß er hin und wieder ein paar von uns mit in seine »gute Stube« nahm. Wir setzten uns um einen großen Tisch, Onkel Kruse stopfte gemächlich seine Pfeife, zündete den Tabak an und paffte dicke Wolken zur Decke. Dann begann er zu erzählen.

An eine ganz bestimmte Geschichte erinnere ich mich noch sehr gut. Sie stach aus der Reihe seiner sonst üblichen Erzählungen deshalb heraus, weil es darin um Tatsachen ging, die er mit einer seltsam ruhigen, fast feierlichen Stimme vortrug. Ich kann diesen Bericht natürlich nicht mehr wörtlich wiedergeben; ich versuche aber so zu erzählen, wie er sich mir eingeprägt hat.

Onkel Kruse begann: »Ihr könnt es euch sicher nicht mehr gut vorstellen, wie das vor ein paar Jahren war«, sagte er, »da wart ihr noch ziemlich klein. Was es bedeutet, nichts zum Essen zu haben, einfach gar nichts. Nicht zu wissen, was man am nächsten Tag in den Magen kriegt. Es war furchtbar. Könnt ihr begreifen, daß wir uns um eine Scheibe Brot geschlagen haben, daß wir wie verrückt auf die kleinste Kleinigkeit waren, die uns eßbar erschien?« Und er erzählte uns, wie er in den letzten Kriegstagen unter aussichtslosen Bedingungen leben mußte. »Seitdem weiß ich, was ein winziges Stück Brot, was ein Apfel, ein Ei oder eine Scheibe Wurst wert sind. Alles, was ich heute zu mir nehme, esse ich bewußt, fast mit Andacht, weil ich weiß, daß es nicht selbstverständlich ist, die tägliche Nahrung regelmäßig zu bekommen. Jeder Bissen ist wie ein Geschenk.

Damals, als es mir an einem Tag besonders schlecht ging und ich dachte, jetzt ist es aus, es geht nicht mehr, ich werde verhungern, habe ich ein Versprechen gegeben. Lieber Gott, habe ich gesagt, wenn ich jemals hier gut rauskomme und wieder zu essen habe, werde ich jeden Tag meines Lebens etwas von dem, was ich an Nahrung besitze, für noch Ärmere abgeben. Ob ihr's glaubt oder nicht, dieses Versprechen habe ich bis heute gehalten. Ich habe zwar kein großes Einkommen; mit meinem kleinen Geschäft komme ich gerade so über die Runden, und ich weiß auch, daß viele über mich und meine Lebensgewohnheiten lächeln. Aber ich habe jeden Tag, und wenn es nur ein Groschen war, etwas in den grauen Karton getan, der da hinten auf dem Schränkchen steht. Einmal im Monat mache ich dann den Karton leer und gebe das Geld an eine caritative Stelle, die es zur Unterstützung hungernder Menschen verwendet. Was haltet ihr davon?«

Wir schwiegen. Was können kleine Jungen schon dazu sagen? Heute aber, wenn ich an Onkel Kruse zurückdenke – er ist jetzt schon ein paar Jahre tot –, habe ich große Achtung vor diesem einfachen, eigenwilligen, aber auch großen Menschen. Er war ein Original.

Danke, lieber Gott

Lieber Gott, ich danke dir,
daß ich alt werden kann,
aber nicht alt werden muß.

Daß ich noch sehen und hören kann,
doch nicht alles
sehen und hören muß.

Daß ich essen und trinken kann,
doch nicht alles
essen und trinken muß.

Daß ich Freude, Angst und Schmerz
empfinden kann,
aber nicht gleich
die Fassung verlieren muß.

Daß ich sprechen und laufen kann,
jedoch nicht überall
mitsprechen und mitlaufen muß.

Daß ich vieles haben kann,
doch nicht alles
haben muß.

Daß ich vieles vergessen kann
und niemand
etwas nachtragen muß.

Daß ich stillstehen und staunen kann
und der drängenden Zeit
nicht nachgeben muß.

Daß ich noch manches lernen kann,
doch die andern
nicht ständig belehren muß.

Daß ich krank und schwach werden kann,
aber trotzdem
nicht verzweifeln muß.

Daß ich immer zu dir heimkommen kann
und all meine Schuld
nicht mitschleppen muß.

Lieber Gott, ich danke dir,
daß ich ohne dich nicht leben kann,
und ohne dich nicht sterben muß.

Margarete Bertschinger

RENATE BRANDT

Der Mai läßt grüßen

Die Sonne strahlt, es riecht nach frischem Gras und Erde. Ich schaue aus dem Fenster. Weiße und rosa Blüten lachen mir entgegen, locken mich hinaus. Rasch das Geschirr beiseite gestellt, aufs Rad geschwungen, und schon geht's los in die maiende Welt. Blumen aller Farbschattierungen wiegen ihre Köpfe gleich großen Schmetterlingen im Winde.

Welch eine Freude, das sehen, atmen, riechen und fühlen zu dürfen! Mühsam nur löse ich mich von diesem ersten Frühlingsrausch und erinnere mich meiner häuslichen Pflichten. Bevor ich jedoch nach Hause zurückfahre, kaufe ich noch einen bunten, duftenden Strauß – nein, zwei! –, ich brauche jemanden, der sich mit mir freut, der meine Begeisterung teilt, ich würde sonst zerspringen, denn wie es meine Tochter nennt: »Mein ganzer Bauch ist voller Freude!« Wie gut, denke ich beim Heruntersteigen vom Rad, daß wir in einem Mietshaus wohnen, da gibt es doch wenigstens Nachbarn. Ich klingle bei der älteren Witwe, die unter uns wohnt. Die Tür öffnet sich drei Spalten breit. »Guten Tag, Frau Hübner, der

Mai läßt Sie grüßen!« Mit diesen Worten halte ich ihr einen meiner beiden Sträuße entgegen. Die Tür wird nun vollends geöffnet, und Frau Hübner schaut mich mit mißtrauisch-erstaunten Augen an. »Ich kenne keinen, der Mai heißt!« – »Na, ich meine doch den Monat Mai«, lache ich und schwärme in beredten Worten von den herrlichen Blüten und der duftenden Luft. Sie schüttelt abwehrend den Kopf. »Wie kommen Sie auf die Idee, mir Blumen zu schenken? So ohne Grund! Nein, das kann ich nicht annehmen. Ich muß Ihnen dann ja auch wieder einen Strauß schenken, und für so etwas habe ich kein Geld!«

»Frau Hübner«, wehre ich mich, »Sie würden *mir* ja einen Gefallen tun, wenn Sie die Blumen nähmen und sich darüber freuten. Ich bin so glücklich, daß der Winter vorbei ist, und da brauche ich einfach jemanden zum Mitfreuen.« »Wenn das so ist, dann stellen Sie sich doch die beiden Sträuße in die Vase, dann haben Sie auch doppelte Freude. Ich will jedenfalls niemandem zu Dank verpflichtet sein! Jeder hat mit sich genug zu tun.« Mit diesen Worten nickt sie mir noch einmal zu und verabschiedet sich.

Meine beiden Sträuße in der Hand, mache ich mich auf zu unserer Wohnung. Als ob man sich über zwei selbst gekaufte Sträuße doppelt freuen könnte! Ein Gegenstand bleibt halt ein Gegenstand, *über* den man sich freut. Die Freude in den Augen eines Menschen zu sehen, ist mit nichts zu vergleichen. Sie springt gleich einem Funken zu einem zurück. Und es funkt hinüber und herüber.

Ob ich es noch einmal, vielleicht bei dem Nachbarn neben uns, versuche? Er ist zwar oft mürrisch und schlecht gelaunt. Doch schon höre ich mich schellen. Der grauhaarige Mann öffnet energisch die Tür. Ehe er etwas sagen kann, grüße ich auch ihn vom Mai und halte ihm die duftende Pracht unter die Nase. Da verzieht sich sein Gesicht doch tatsächlich zu einem Lachen, richtig strahlend nimmt er die Blumen entgegen und bestellt seinerseits Grüße an den Mai und ein Dankeschön dazu. Wir freuen uns beide, und beide haben wir nicht das Gefühl, in einem Schuldner- oder Gläubigerverhältnis zu stehen, die Freude hat es aufgelöst.

Glücklich und nachdenklich schließe ich die Wohnungstür auf. Was ist es, das die einen Freundlichkeiten, Geschenke – vielleicht auch Zuneigung – freudig annehmen läßt und in anderen erschreckende Abwehr auslöst? Und das bei den verschiedensten Menschen, jungen wie alten, armen und reichen, Christen und Nichtchristen?

Vielleicht hat es etwas mit dem Selbstbewußtsein eines Menschen zu tun? Wie natürlich und selbstverständlich können Kinder nehmen und geben. Wie ungezwungen können sie bitten und ihre Freude über ein Geschenk ausdrücken, auch danken! Sicher spüren sie, daß Nehmen und Geben, Danken und Bitten in einem ursächlichen

Zusammenhang stehen. Schenke ich jemandem etwas, so bin ich froh und dankbar, wenn er sich seinerseits freut und seinem Dank Ausdruck gibt. Die Situation ist damit ausgeglichen, und beim Beschenkten dürfte nicht das Gefühl aufkommen, er stehe in einer Abhängigkeit vom Gebenden.

Woran mag es liegen, daß manch ein Geschenk dennoch eine Belastung hervorruft, mit der man nicht fertig wird? Vielleicht begnügt sich mancher nicht mit der Freude, die seine Gabe beim anderen auslöst und erwartet mehr. Er vermutet, daß alle so denken wie er selbst. Darum wagt er nicht, sich über etwas nur zu freuen, er fühlt sich zum Zurückschenken verpflichtet. Manch einer mußte sich in seinem Leben sicher auch zu viel bedanken und wurde damit überfordert. Hier kann das größte Geschenk vielleicht darin bestehen, daß *wir* ihn um etwas bitten, uns etwas von ihm schenken lassen. Auf diese Weise wird er in die Situation des Gebers versetzt und erfährt die Freude des Schenkens.

Vielleicht sollten wir es überhaupt öfters wagen, einander um etwas zu bitten, etwas anzunehmen und – uns kleine Freuden zu bereiten. Je mehr wir uns üben im Geben und Nehmen, im Danken und Bitten, desto intensiver werden sich unsere mitmenschlichen Beziehungen gestalten, desto intensiver werden wir leben!

Wenn wir die Wechselbeziehung von Geben und Nehmen und die damit verbundene Freude verstanden haben, dann wird es nicht mehr wichtig sein, ob wir dem einen alle erhaltenen Freundlichkeiten »zurückerstatten« oder nur empfangen und an einen anderen weitergeben. Dann sind wir frei zum Geben ohne Erwartung und zum Nehmen ohne Schuldgefühle, frei zu echter Nächstenliebe.

Wir Christen sind dabei in einer besonders glücklichen Situation. Als die von Gott Beschenkten stehen wir ganz in seiner Abhängigkeit – einer Abhängigkeit, die befreit. Denn er erwartet von uns nichts anderes, als daß wir seine Zuwendung annehmen. Unser Dank dafür wird sich dann auf verschiedene Weise ausdrücken. Die Freude darüber, daß unser Schuldverhältnis aufgelöst ist, will einfach weitergegeben werden. Weitergegeben an Menschen, die wie wir Freude brauchen.

Als Gottes Kinder wissen wir, daß Geben und Nehmen, Danken und Bitten einander fest zugeordnet sind. Der Funke der Freude, der auf den Gebenden zurückspringt, kann Feuer entfachen. Ein Feuer, das viele erwärmt. Doch das muß man selbst erfahren, um glücklich zu werden, um Mensch zu sein.

Otto Rudolf Braun

Geschichte eines Kaufmanns

»Aber das macht doch nichts, Frau Mertens, wenn Sie kein Geld bei sich haben!« beruhigte Franz Winter die aufgeregte Kundin, die ganz verlegen war, weil sie ihre Börse vergessen hatte. »Sie brauchen sich deshalb doch nicht nochmals herzubemühen! Zahlen Sie einfach beim nächsten Mal!« Überschwenglich bedankte sich Frau Mertens bei dem noch jungen Kaufmann, froh darüber, den Weg nicht nochmals machen zu müssen.

Mir war schon öfter aufgefallen, wie freundlich Franz Winter besonders zu älteren Menschen war, die – ein wenig ungeschickt, ein wenig langsam, ein wenig umständlich geworden – seine Geduld manchmal auf eine harte Probe stellten. Aber Herr Winter wurde niemals unfreundlich.

»Sie haben sehr viel Geduld mit alten Menschen«, sagte ich deshalb eines Tages anerkennend.

»Einem solchen Menschen verdanke ich mein Geschäft«, lächelte Franz Winter.

»Ihr Geschäft?« staunte ich. »Wieso denn das?«

Franz Winter sah sich um; es war außer mir niemand mehr im Laden. »Das ist eine ganze Geschichte«, sagte er. »Wenn es Sie nicht langweilt, will ich sie Ihnen gern erzählen. Jetzt gleich?«

»Jetzt gleich«, sagte ich, »Sie haben mich neugierig gemacht!«

Und so erfuhr ich die Geschichte des Kaufmanns Franz Winter, von ihm selbst erzählt:

»Es ist schon einige Jahre her, da war ich Angestellter in einem Lebensmittelgeschäft und von meinem Traum, einmal ein eigenes Geschäft zu besitzen, noch sehr weit entfernt. Da ich der jüngste Verkäufer war, mußte ich immer die schwierigsten Kunden bedienen, jene also, die meist nicht viel kauften, dafür aber lange Geschichten zu erzählen wußten, die mich jungen Menschen überhaupt nicht interessierten. Eine der lästigsten Kundinnen war Frau Eder. Sie kam oft zweimal am Tag vorbei, um eine Kleinigkeit einzukaufen. Dann erzählte sie immer von ihrem verstorbenen Mann und von ihrem im Krieg gefallenen Sohn; man erfuhr, was sie am vorhergehenden Tag erlebt hatte, was sie heute backen und morgen kochen wollte. Öfters als einmal verwünschte ich sie, besonders dann, wenn das Geschäft voll von Kunden war, die auf Bedienung warteten ...

Trotzdem blieb ich immer einigermaßen freundlich und heuchelte Anteilnahme und Interesse. Irgendwie tat mir Frau Eder leid. Wahrscheinlich hatte sie niemanden, mit dem sie sprechen konnte. Als sie einmal mit einem kleinen, scheuen Lächeln bemerkte: »Ich falle Ihnen wahrscheinlich ganz schön auf die Nerven, Franz«, widersprach ich heftig. Da fiel mir auf, daß es in ihren Augen dankbar aufleuchtete.

Bald danach aber blieb Frau Eder fort, und ich mußte feststellen, daß sie mir beinahe fehlte. Als ich eine diesbezügliche Bemerkung zu meinen Kollegen machte, lachten die: ›Geht sie dir etwa ab? Sei froh, daß sie dich nicht mehr aufhält. Die hat doch ohnedies nie viel gekauft.‹«

Ein Kunde betrat das Geschäft, Franz Winter mußte ihn bedienen. Ich wartete ruhig, bis er wieder für mich Zeit hatte und weiter erzählte:

»Eines Tages erhielt ich den Brief eines Notars, der mich bat, bei ihm vorzusprechen. Ich zerbrach mir den Kopf, was ein Notar von mir wollen könnte. Ich hatte kein Vermögen, keine reichen Verwandten ... Schon am nächsten Tag ging ich hin.

Und da erfuhr ich dann, daß mich Frau Eder zum Erben ihres Barvermögens gemacht hatte. Ich sei, schrieb sie in ihrem Testament, der einzige Mensch gewesen, der ihr immer geduldig zugehört habe. Einmal habe ich ihr von meinem Traum erzählt, ein eigenes Geschäft zu eröffnen. Nun, ihr Geld würde reichen, diesen Wunsch zu verwirklichen. Sie sei davon überzeugt, schrieb sie weiter, daß ich als selbständiger Kaufmann gewiß auch in Zukunft vielen anderen einsamen Menschen ein guter Zuhörer sein werde ...

›War denn Frau Eder reich?‹ fragte ich. Ich erinnerte mich, daß sie nie viel gekauft hatte.

›Frau Eder hat sehr bedürfnislos gelebt, so daß sie von ihrer Rente immer noch eine Kleinigkeit zurücklegen konnte‹, erklärte mir der Notar. – Und dann gratulierte er mir.«

Franz Winter lächelte: »Sehen Sie, so bin ich zu meinem eigenen Geschäft gekommen. Und den Dank dafür, den ich Frau Eder jetzt nur noch mit den paar Blumen abstatten kann, die ich allwöchentlich auf ihr Grab lege, diesen Dank statte ich dadurch ab, daß ich immer für einsame alte Menschen da bin.«

Tu all das Gute, das du vermagst, und tu es so leise wie möglich.

Charles Dickens

Brei und Löffel

Ich kenne einen alten Spruch, der mich stark beschäftigt. Besonders deshalb, weil er mich selbst und mein Leben betrifft:

Der eine hat Brei und keinen Löffel.
Der andre hat den Löffel und keinen Brei.

Während ich nun über diese beiden Zeilen nachdenke, schreibe ich noch zwei weitere dazu:

Der eine hat Zeit und keine Liebe.
Der andre hat Liebe und keinen Freund.

Immer meinen wir, es fehle etwas. Und Hunger haben wir auch: nach Zeit, nach Liebe, nach dem Freund, dem Brei – und dem Löffel. Vielleicht nach einem aus Edelstahl, einem glänzenden kleinen Suppenlöffel, nicht zu schwer in der Hand, der weich über die Lippen gleitet.

Dieser Löffel wurde mir geschenkt.

Aber mir fehlt noch etwas. Nicht der Brei, sondern der andere Mensch, der Zeit und Liebe haben muß, um mich zu füttern. Denn ich lebe mit der Krankheit, die multiple Sklerose heißt. Kurz MS genannt.

Mit MS bezeichnet man auch Motorschiffe und Motorschlepper, die tuckernden Kähne, die auf allen Strömen und Kanälen – tief beladen oder frei von Lasten – dahinziehen.

So einem Kahn mit wehender Wäsche an Deck und einem kläffenden Spitz an Bord winkt man im Sommer gerne zu. Von der Mühe der Menschen, die ihn steuern, verrät so ein Schlepper wenig. Zu sehen ist von Ufern und Brücken aus nur das friedliche Idyll einer Schifferfamilie auf der »MS Martina«, der »MS Drachenfels«, der »MS Alt-Heidelberg« ...

Beide werden sie mit den Buchstaben »M« und »S« abgekürzt, der Motorschlepper und die Krankheit – MS. Aber man kann sie nicht miteinander vergleichen. Oder haben sie vielleicht doch etwas Gemeinsames?

Es geht vorwärts, stromauf oder stromab. Es schaukelt ständig. Und nicht nur der Kranke, jeder findet mit der Zeit heraus, daß sein Lebensschiff gesteuert werden muß.

Doch ich bin abgeschweift von Brei und Löffel, Liebe, Zeit und Freund. Ich liege ja im Garten meiner Freunde und höre den Gong, der lockend zu den Mahlzeiten ruft. Ich schleppe mich in meinen Rollstuhl und freue mich auf das Essen. Auf den »Brei«. Der Löffel liegt daneben. Und nun bin ich wieder dort, wo ich angefangen habe: Beides nützt mir nichts, denn ich kann den Löffel nicht heben.

Nun aber fehlt mir die Lust, Hilfe zu erbitten. Ich lege mich wieder in den Garten und stelle den Teller auf mein Schlüsselbein. Das ist der Schlüssel zum Erfolg. Jetzt hat der Löffel, der kleine, leichte aus Edelstahl, nur noch eine Höhe von wenigen Zentimetern zu überwinden. Jetzt schaffe ich es allein – zu essen.

Oft steht jemand hinter mir und ist bereit zu helfen. Ich muß nur wollen, daß man mir hilft. »Heute füttere ich dich«, sagt Hartmut. Und Elke wirft ihre Zöpfe über die Schultern zurück und fragt: »Darf ich den Löffel halten?« Sie kann es gut. Wir schlucken zum Essen Freude und Spaß herunter – wie andere Wein oder spritzigen Sekt.

In solchen Augenblicken bin ich doch reich. Denn es fehlt gar nichts mehr. Da sind »Brei«, Löffel, Zeit und liebe Freunde, die helfen, allen Hunger zu stillen.

Spare nicht mit deinem Lächeln; denn es bereichert die, denen es gilt, ohne dich arm zu machen.

Sprichwort

Ein Teig – zwei Kuchen

Der Rektor bückt sich nach dem Butterbrotpapier auf dem Schulhof. Ein Lehrer dankt dem Kind, das ihm – pflichtgemäß – seine nachgeholte Hausaufgabe zeigt. Michael, erstes Schuljahr, rundlich und bequem, kann sein Schnürband nicht binden. Die gewandte kleine Doris schlüpft nach vorn zu Michael. Wie ein Pascha hält er seinen Fuß hoch, sie hockt sich vor ihn hin und bindet eine gekonnte Schleife. Er will es sich schon wieder auf seinem Platz gemütlich machen, als er meinem Blick begegnet: »Und nun?« Da geht er auf Doris zu, umfaßt sie mit beiden Armen und drückt ihr einen Kuß auf die Backe: »Danke.« Die Kinder der dritten Klasse schreiben dem Vater eines Mitschülers einen Brief, um für sein »überflüssiges Holz« zu danken, das er zum Basteln zur Verfügung stellte. – Ein paar Beispiele nur. Es ist, wie wenn man einen Stein ins Wasser wirft: er zieht seine Kreise.

Aber die Kreise werden im Weiterziehen zerstört. Es gibt Widerstand, zusammengekniffene Lippen, wo ein Danke ausgesprochen werden könnte, trotziges Aufbegehren gegen diese Atmosphäre der gegenseitigen Achtung und Anerkennung.

Wir sprechen darüber. »Weshalb ist es uns von Natur aus so schwer, danke zu sagen?«

»Ich habe dann das Gefühl, daß ich klein bin gegen den andern, und das will ich nicht.« Da muß es deutlich werden: alle sind wert geachtet, alle werden anerkannt, jeder ist einmalig. Und alle stehen wir vor Gott – nun wirklich als die Kleinen –, und ihm wollen wir auch gemeinsam danken lernen.

Wir sprechen im Religionsunterricht über das Beten; wir üben es auch. Wir beten in der ersten Klasse gemeinsam, später sprechen wir einzeln, einer laut, die andern in Gedanken mit. Wie soll es sonst einer wagen in seinem Leben, in seiner Familie, wenn er es nirgends geübt hat?

Bei einem neuen Lied taucht das Wort »loben« auf. Klar, wer etwas gut macht, wird gelobt, in der Schule, zu Hause. »Ja, aber: ›Lobet Gott‹, wie ist denn das gemeint? Ist das etwas anderes, als ihm zu danken?« Eine Weile schweigen alle. Dann steht Dirk auf, er redet mit den Händen: »Stellt euch vor, ihr habt einen Kuchenteig angerührt (er rührt). Nun schüttet ihr den Teig in zwei verschiedene Formen (er umreißt die Formen, rund die eine, kastenförmig die andere, dann schüttet er ...). Es ist derselbe Teig, nur zwei verschiedene Kuchen, der eine Kuchen heißt ›danken‹, der andere ›loben‹.«

Es ist still in der Klasse. »Ein-verstanden« sagen die Augen und dann auch die Stimmen, als wir nun singen:

Wir wollen fröhlich singen
Gott, unserm lieben Herrn.
Der geb', daß es gelinge
zu seinem Lob und Ehr'n.
Lobet Gott, lobet Gott,
der uns hilft aus aller Not.

Blicke dankbar zurück. Jede Jahreszeit hat ihre eigenen Geschenke, deshalb soll man vom Herbst keine Maiglöckchen und vom Winter keine Sommersonne verlangen.

Max Rössler

Danken ist intensives Denken

Sogar die Heiden machen ihren Mund weit auf für Gott. Sie sehen nicht mehr als die Spuren Gottes in der Natur, nur einen Abglanz seiner Herrlichkeit nehmen sie wahr. Doch das genügt ihnen zum Loben und Danken:

Was kann ein lahmer Greis anderes tun,
als Gott loben?
Wäre ich eine Nachtigall, so täte ich,
was die Nachtigall kann.
Wäre ich ein Schwan, so täte ich,
was der Schwan kann.
Nun bin ich ein vernünftiges Geschöpf:
ich muß Gott loben, das ist mein Werk;
ich will es verrichten und diesen Posten behalten,
solange es mir vergönnt ist.
Auch euch fordere ich zu eben diesem Lied auf.

So redet der stoische Philosoph Epiktet, ein gelähmter Greis, ein ehemaliger Sklave, um die Jahre 100 nach Christus.

Demgegenüber scheinen manche von uns Christen nicht ganz auf dem Posten zu sein. Der Damm der Dankbarkeit ist an vielen Stellen ins

Rutschen geraten. Dankbarkeit ist die Wachsamkeit der Seele gegen die Kräfte der Zerstörung. Undankbarkeit ist also Schläfrigkeit, Kurzsichtigkeit, eine oft selbstverschuldete Sehschwäche. Die Sonne scheint, die Vögel singen – und doch wühlt da jemand im Staub, reibt sich im Dreck wund und infiziert sich mit negativen Eindrücken und Einsichten. Da pflegt jemand seine negative Voreingenommenheit. Manche schütteln eben so lange den Kopf über der Suppe, bis sie das längst darin vermutete Haar endlich finden. Die ganze Welt wird so in ein negatives Konzept gepreßt. Dieses mißmutige Vorurteil führt zu andauernder Selbstvergiftung: Es werden nur die negativen Eindrücke im Haushalt der Seele verarbeitet. Das erscheint dann obendrein als besonders realistisch. Aber sind negative Einsichten der Wahrheit immer am nächsten? Ein Sprichwort sagt: »Wenn die Sonne auf einen Misthaufen scheint, so antwortet er mit Gestank.«

Ist dieses Wort gegen die Undankbarkeit nicht doch zu hart? Es gibt in der Tat schwierige Situationen, die jeglichen Dank ersticken, die auch nicht einfach durch ein Lächeln zu ändern sind, auch nicht durch einen hausgemachten Optimismus. »Besser eine Laus im Pott als gar kein Fleisch!« – Solche makabren Scherze verkennen, wie dem Menschen zumute sein kann. Die Undankbaren haben auch recht! Es scheint halt nicht immer die Sonne. Diese Welt ist chaotischer, als die Stoiker es wahrhaben wollen. Sie fühlen sich als Kinder des Kosmos und blenden das Chaos ab; sie tragen empfindungslos und klaglos und fraglos das Schicksal. Ihre seelische Hornhaut macht sie unverwundbar. Die Stoiker leben nach dem Vorsatz: Worüber ich keine Macht habe, das soll auch keine Macht über mich gewinnen. Aber ist das eine echte menschliche Möglichkeit? Will der Mensch da nicht Gott spielen, und zwar einen hohen, schmerzunempfindlichen Gott? Und sind Gott und die Welt richtig gesehen, wenn ein älterer Stoiker, Zenon, behauptet, Gott sei durch die ganze Wirklichkeit hindurchgegangen »wie der Honig durch die Waben«? Wo sind die Bitterkräuter, die das erwählte Volk Israel beim Auszug aus Ägypten essen sollte (2. Mose 12,8)? Mußten sie nicht auf dem Weg in das gelobte Land »bitteres Wasser« (2. Mose 15,23) trinken?

Das Aufatmen und die Bitterkeit der Seele stehen beim biblischen Menschen nebeneinander. Und das ist gut so. Dank ist in der biblischen Geschichte erst möglich zusammen mit berechtigter Klage. »Ich will klagen im bitteren Leid meiner Seele« (Hiob 7,11) – »Wie könnten wir des Herrn Lied singen im fremden Lande?« (Psalm 137,4). Wer sich nicht bedanken kann, darf sich beklagen – nur so nimmt der Mensch seine Geschichte mit Gott ernst. Und doch ist in diesem Auf und Ab von Bedrückung und Erleichterung der Dank der durchgängige Ton. Das liegt an Gottes Erwählung. Er hat sein Volk herausgerufen aus dem Hin und Her guter und böser Erfahrungen. Er hat sein Volk unter eine grundsätzlich wohltuende Verheißung gestellt. Deswegen haben Menschen unter seiner Führung Anlaß zu positiver Voreingenommenheit. »Was betrübst du dich, meine Seele, und bist so unruhig in mir? Harre auf Gott; denn ich werde ihm noch danken, daß er meines Angesichts Hilfe und mein Gott ist« (Psalm 42,6). So gibt es Dank auf Vorschuß. So sind gerade auch die Klagelieder von Vertrauenserklärungen und dankbaren Aufzählungen der Wohltaten Gottes umrahmt. Wer dankt, nimmt Gottes Verheißungen ernst. »Ich aber werde bleiben wie ein grünender Ölbaum im Hause Gottes; ich verlasse mich auf Gottes Güte immer und ewig. Ich will dir danken« (Psalm 52,10–11).

Dieser Grundton des Dankes klingt im Neuen Testament weiter, ja er wird sogar noch verstärkt. Durch Kreuz und Auferstehung Jesu Christi sind Leben und Sterben der Menschen, die an ihn glauben, grundsätzlich zum Guten hin gewendet worden. So kann der Apostel Paulus ausrufen: »Gott aber sei Dank, der uns den Sieg gibt durch unseren Herrn Jesus Christus« (1.Kor.15,57). – »Gott aber sei Dank für seine unaussprechliche Gabe!« (2. Kor. 9,15). Paulus beginnt seine Briefe mit positiver Voreingenommenheit. »Ich danke Gott so oft ich an euch denke.« Je mehr er denkt, desto mehr dankt er. Danken ist intensives Denken – an die Wohltaten Gottes. Weil Gott in das Auf und Ab der Geschichte eingegriffen hat, darum ist eine positive Voreingenommenheit angebracht. »Weil Christus auferstanden ist, muß alles gut werden«, sagt Sören Kierkegaard, der dänische Religionsphilosoph.

Wer den großen Dank für die große Gabe aussprechen kann, der kann sich nun in alltäglichen Situationen auf den Posten begeben und »mit Danksagung im Gebet wachen« (Kol. 4,2). So werden die christlichen Gemeinden von Paulus dazu aufgerufen »dankbar in allen Dingen zu sein« (1.Thess. 5,18). Und doch ist dieses Danken nicht eine Platte, die immer aufgelegt werden könnte. Die negativen Erfahrungen müssen nicht abgeblendet oder überspielt werden.

Auch die, die sich ständig fürs Danken bereithalten, bleiben verwundbar, werden von manchen Ereignissen voll getroffen. Sie können »unruhig« (2. Kor. 7,5), »traurig« (1. Petr. 1,6) und »über die Maßen beschwert« (2. Kor. 1,8) sein. So kommt es dem Apostel Paulus manchmal vor, als lebte er in einer Serie von traurigen Erfahrungen (Phil. 2,27). Das beklagt er vor Gott und vor den Gemeinden. Aber er bedankt sich auch für immer wieder erfahrbare Erleichterungen. Denn das Gesetz der Serie ist durch die Auferstehung Jesu durchbrochen – so kann auf längere Sicht der Dank nicht ausbleiben.

GERD SCHIMANSKY

Unverhoffte Tröstung

Seit 1944 schon war der Heilige Abend für sie der schwerste Tag des Jahres. Denn was damals geschehen war ...

Nach dem Kriege hatte sie in der vom Pfarrer eingerichteten Telefonseelsorge mitgearbeitet. Gerade um Weihnachten waren so notvolle Anrufe gekommen. Menschen, die sich den Tod wünschten, ihn wohl gar herbeiführen wollten, völlig Vereinsamte, hochgradig Schwermütige, aber auch solche, in deren Familien sich ausgerechnet jetzt lang angestaute Spannungen entluden. So war sie durch die fremde Not über die eigene hinweggebracht worden. Mit siebzig Jahren schließlich ... Sie mußte ihre Mitarbeit einstellen, das Gehör ließ nach. Kaum konnte sie zwischen undeutlichem Gemurmel und Schluchzen ein paar verstehbare Sätze heraushören. Und so stand ihr Name seit kurzem nicht mehr auf der Liste der Anzurufenden.

War sie den Ratsuchenden nicht auch viel schuldig geblieben? All diese unklar geäußerten Nöte ... Allenfalls ließ sich erreichen, daß sie klarer ausgesprochen wurden. Viel leichter war es ihr gefallen, als Religionslehrerin auch mit schwierigen Schülern ins Gespräch zu kommen. Da trumpften manche so frech auf, nannten Gott »den Typ da oben«, doch ließ sich auf solche Herausforderungen antworten, mit Geduld und Humor, mit Nachsicht und Festigkeit. Da riß der Gesprächsfaden nicht ab. Aber in der Telefonseelsorge ...

Der Pfarrer hatte sie vor zehn Jahren um ihre Mitarbeit gebeten. »In der Zuversicht«, schrieb er ihr, »daß Sie auch dem lästigsten Anrufer, dem aufwendig Leidenden, dem in Selbstrechtfertigung Erstarrenden, dem in seiner Not ausfallend Werdenden ungekränkt und unbeschwert begegnen können.«

Nun, das war viel zu hoch gegriffen. »Ungekränkt«, ja, das gelang ihr vielleicht. Aber »unbeschwert«? Wie der sich das vorstellte ... Ihm gelang so etwas, ihm fehlte ja auch nie ein passendes Wort, so ein Blitzableiter-Wort, das jeden Schlag ableitete. Allein schon sein unerschöpflicher Zitatenschatz! Kam ihm jemand wütend oder wurde ausfallend, dann berief er sich mit heiterer Überlegenheit auf Goethe: »Durch Heftigkeit ersetzt der Irrende, was ihm an Klarheit und an Kräften fehlt.«

Ja, so müßte man sein. Das müßte man fertigbringen: Einfühlsam, verstehend mit Menschen umzugehen und selber kaum belastet, kaum verwundet werden. Dieser gütig-kühle Blick des

Pfarrers ... War der nicht auch ein bißchen unheimlich? Hatte der Mann seine Seele in eine Zellophanhülle verpackt? Aber er war ein gesuchter Seelsorger.

Nun, sie selbst war schutzlos. War schutzlos geworden. Nach Weihnachten 1944 war der Brief aus dem Seuchenlazarett gekommen. Ihr Sohn, als junger Unterarzt dort tätig, selber vom Fleckfieber befallen, war Heiligabend gestorben. »Bis zuletzt«, schrieb der Stabsarzt, »hat er, selber schon fiebernd, seine Pflicht getan, und weit mehr noch als seine Pflicht.«

Sie war früh Witwe geworden. Und er war ihr einziger Sohn. Dann freilich der Beruf, und schließlich die Telefonseelsorge. Auch mit der Gesundheit ging es ja noch. Bis auf dieses leichte Zittern des Kopfes, das manchmal fast wie ein verhaltenes Nicken wirkte, fast wie ein Zeichen des Einverständnisses. Ach nein, sie war nicht einverstanden. Weihnachten 1944 ... »Die Zeit heilt Wunden«? Diese Wunde nicht. Denn da kam noch etwas hinzu. Der Sohn hatte nie einen Zugang zu Gottes Wort gefunden, ihn vielleicht auch nie gesucht. Oder hatte sie, seine Mutter, ihm dabei im Wege gestanden, mit einer etwas besorgt-bedrängerischen Frömmigkeit? Sie erinnerte sich an manchen Versuch, ihn anzusprechen. Und wie schnell verstummte er dann, mit einem ganz abwesenden, ganz ferngerückten Gesicht.

Als er an die Front kam, gab sie ihm eine Dünndruckbibel mit, in Leder biegsam gebunden, mit Goldschnitt, noch ganz unbenutzt. Vorn hatte sie hineingeschrieben: »Dein Wort ist meines Fußes Leuchte und ein Licht auf meinem Wege.« War das schon zuviel gewesen?

Als ihr seine Hinterlassenschaften zugeschickt wurden, war auch die Bibel dabei – offensichtlich ganz unberührt. Die durch den Goldschnitt zusammengehaltenen Blätter hafteten aneinander. Ach, wenn diese Bibel doch verlorengegangen wäre ... Dieser leuchtende Goldschnitt, so festlich, wie zum Hohn blinkte er.

Sie wollte das Buch nicht mehr sehen, sie schob es hinter sein Bild, ein vergrößertes Bild, hinter dem es ganz verschwand.

Sein Gesicht ... Es lächelte – für die Mutter. Ein fragendes Lächeln. Und dieser ernste Blick seiner sehr klaren Augen.

Nein, heute kam kein Anruf. Auch von Freunden nicht oder von Verwandten. Die notvollste Stimme eines Hilfsbedürftigen wäre ihr recht gewesen. Und nun – nichts.

Und sie trat ganz dicht vor das Bild des Sohnes, hob es ans Licht. Und dann nahm sie – warum eigentlich? – auch die Bibel in die Hand, blies den Staub davon ab, sah auf den schrecklichen Goldschnitt, dieses unverschämte Blinken. Aber da war doch – täuschten sie ihre Augen? –, da war doch ein Spalt. Ganz lückenlos hafteten die Blätter nicht aneinander. Mit bebenden Händen öffnete sie vorsichtig das Buch, genau da, wo die Seiten sich voneinander gelöst hatten.

Der 23. Psalm – »Der Herr ist mein Hirte ...«

Sie liest. Hat auch er gelesen? »Und ob ich schon wanderte im finstern Tal ...« Mein Gott, hat auch er das gelesen?

Aber es könnte ja Zufall sein, daß die Seiten gerade an dieser Stelle nicht aneinanderhafteten.

Sie schließt das Buch, preßt es zusammen. Und danach scheint der *ganze* Goldschnitt wieder unversehrt zu sein, hält das dünne Papier zusammen. In dem Feldpostpäckchen wurde das Buch ja auch zusammengepreßt ... Also könnte er auch andere Stellen aufgeschlagen, könnte noch viel mehr gelesen haben.

Hastig schlägt sie wieder auf, blättert, sucht, noch einmal – hier – der 23. Psalm. Und jetzt stockt ihr der Atem, sie hält das Buch noch näher an die Augen, tritt ans Fenster, ins Licht.

Wahrhaftig. Hier hat er nun wirklich gelesen. Zumindest diesen einen Psalm. Denn neben dem Text, da findet sich ein Fingerabdruck. Der Abdruck eines Daumens? Hier hat er das Buch festgehalten. Vielleicht im Liegen, als Kranker schon, mit fieberheißer Hand.

Sie drückt das Buch an sich. Ja, er hat darin gelesen. Und wenn es auch nur dieses eine Wort aus dem 23. Psalm gewesen ist: »Der Herr ist mein Hirte ...«

Sie hält die Bibel noch in den Händen, als es zu dunkeln beginnt. Erst als es zur Christvesper läutet, legt sie das Buch, aufgeschlagen, vor sein Bild.

Als sie das Zimmer verläßt, dreht sie sich noch einmal um. Wie die weißen Seiten dort schimmern.

Danke

Danke für diesen guten Morgen;
danke für jeden neuen Tag,
danke, daß ich all meine Sorgen
auf dich werfen mag.

Danke für alle guten Freunde.
Danke, o Herr, für jedermann.
Danke, wenn auch dem größten Feinde
ich verzeihen kann.

Danke für meine Arbeitsstelle.
Danke für jedes kleine Glück.
Danke für alles Frohe, Helle
und für die Musik.

Danke für manche Traurigkeiten.
Danke für manches gute Wort.
Danke, daß deine Hand mich leiten
will an jedem Ort.

Danke, daß ich dein Wort verstehe,
danke, daß deinen Geist du gibst.
Danke, daß in der Fern' und Nähe
du die Menschen liebst.

Danke, dein Heil kennt keine Schranken.
Danke, ich halt mich fest daran.
Danke, ach Herr, ich will dir danken
daß ich danken kann.

Martin Gotthard Schneider